베드로

**예수께서 단 한 번 부르신 이름
예수의 심장이 놓지 않은 사람**

베드로

예수께서 단 한 번 부르신 이름
예수의 심장이 놓지 않은 사람

초판 1쇄 인쇄 | 2012. 11. 10
초판 1쇄 발행 | 2012. 11. 15

지은이	류황희
펴낸이	백도연
펴낸곳	도서출판 세움과비움
신고번호	제 2012-000230호
주소	서울 마포구 양화로16길 18(서교동)
	Tel. 02-704-0494 Fax. 02-6442-0423

feelmoum@naver.com

기획	백유창
디자인	명상완
일러스트	최유경

이 책은 저작권법에 의해 보호를 받는 저작물이므로 무단전재 및 복제를 금합니다.
잘못 만들어진 책은 구입하신 서점에서 바꾸어 드립니다.

ISBN 978-89-98090-01-2 03230
값 10,000원

베드로

예수께서 단 한 번 부르신 이름
예수의 심장이 놓지 않은 사람

류황희 지음

세움과비움
Seum&Bium

Prolog

예수님께서는 시몬을 만나시고 단박에 '베드로'라는 이름을 주셨다. '베드로'란 이름은 반석을 의미한다. 반석이란 표현은 흔들림 없음을 의미할 때 쓰인다.

하지만 베드로는 복음서 내내 전혀 반석스럽지 못했다. 멋진 신앙고백 후에 바로 '사탄'으로 뒤집히고, 죽기까지 충성할 것을 맹세하고선 저주하며 부인하였다. 이 모습을 보며 흔들리지 않는 반석을 떠올릴 사람은 없을 것이다.

더 놀라운 것은 예수님께서도 거의 베드로를 베드로로 부르지 않으셨다는 사실이다. 딱 한 번 부르신 것으로 누가복음이 기록하는데, 그 장면은 더욱 기가 막히다.

^(눅22:34)가라사대 베드로야 내가 네게 말하노니 오늘 닭 울기 전에 네가 세 번 나를 모른다고 부인하리라

베드로가 거꾸러질 것을 예고하시는 장면, 반석이라 불리는 것이 너무도 어색할 수밖에 없는 장면에서 단 한 번 시몬을 베드로라고 부르셨다.
왜 베드로라는 새 이름을 주시고도 한 번도 부르지 않으시다가 이 장면에서 단 한 번 부르셨을까?
그 이유는 베드로가 베드로이지 못했기 때문이다.
베드로는 베드로이지만 아직 베드로가 되지 못했기 때문이다.
예수님께서는 시몬을 반석으로 만들겠다는 굳은 의지를 처음부터 가지고 베드로라는 이름을 주셨다. 하지만 베드로는 아직 베드로답지 못했기에 베드로 만드시기까지 붙잡으시고, 같이 다니시고, 가르치시고, 혼내시고, 위해서 기도하셨다.

이 과정 중엔 베드로가 베드로(반석)가 아니기에 베드로라고 부르지 않으신 것이다. 그런데 돌연 베드

로가 절대적으로 베드로답지 않은 상황에서 그를 베드로라고 부르신 것이다. 매우 이상하다. 그 이유는 그 장면에 숨어 있다.

> ⁿ눅22:31 시몬아, 시몬아 보라 사단이 밀 까부르듯 하려고 너희를 청구하였으나 ³²그러나 내가 너를 위하여 네 믿음이 떨어지지 않기를 기도하였노니 너는 돌이킨 후에 네 형제를 굳게 하라

사단이 청구한 것은 모든 너희(제자들)인데, 예수님께서는 시몬만을 위하여 기도하셨다.
시몬을 통해서 나머지 형제들(제자들)을 굳게 하기 위함이다. 형제들을 굳게 하는 이 일이야말로 진정 반석다운 일이고, 그 일을 수행해야 하는 시몬을 베드로라 부르신 것이다. 베드로가 베드로 될 것임을 예고하시는 사랑과 의지의 표현이다.

그렇기에 베드로가 회복된 이후인 사도행전에서는 늘 베드로라 불렀다. 시몬이 돌이킨 후에 형제들을 굳게 하는 사역을 감당하고 있기에 드디어 베드로가

된 것이다. 심지어 주님께서도 환상 중에 직접 "베드로야"라고 불러주신다.
그의 베드로 됨에 대한 확고한 인준이시다.

이 책을 통해서 이렇게 베드로답지 못한 시몬을 베드로로 만드시는 작업을 확인하게 될 것이다. 예수님께서 처음부터 끝까지 얼마나 강렬한 열심과 집념을 가지고 베드로를 놓지 않으셨는지 보면서, 그것이 또한 나를 향한 사랑과 의지라는 사실을 깨닫게 될 것이다.

튤립교회 류황희 목사

1. 베드로, 예수님께 분노를 품다

- 12 본문에 대한 일반적인 이해
- 13 첫 번째 만남
- 16 재미있는 그림
- 19 일을 하고 있던 이유
- 22 심사가 뒤틀린 이유
- 25 왜 처음에 안 따라 갔을까?

2. 믿음이란 무모함인가?

- 32 이 사건에 대한 두 가지 시각
- 36 민중 봉기의 시발점
- 42 민중을 피해 도망가시는 예수님
- 46 신앙의 천재성이 드러남
- 51 신앙의 당위를 딛고 걸어야 함
- 53 행하지 않는 믿음은 가짜다

3. 베드로, 예수님께 대들다

- 61 훌륭한 고백, 그러나 특별하지는 않은
- 65 나를 누구라 하느냐?
- 67 고백이 교회를 세운다
- 69 대형 사고를 치는 베드로
- 73 사단에 매이게 되는 이유
- 76 신앙이란 자기를 부인하는 것으로 시작함

4. 베드로의 세 번 부인이 예언된 이유

- 84 기독교 신앙은 운명론인가?
- 87 검 없는 자는 겉옷을 팔아 사라
- 90 사단의 청구에 내어주심
- 92 권력 다툼을 벌이는 제자들
- 100 사명은 우리를 구원하시는 도구

5
예수님께서 두려워하신 것과 베드로가 두려워한 것

예수님께서 두려워하신 것 108
재판 받으시는 예수님 111
사형 언도를 받기 위해 노력하심 113
죽음의 두려움 속에
예수님을 부인하는 베드로 116
베드로를 알아 본 여종은 소원의 응답 119

6
네 믿음이 떨어지지 않도록 기도하였노니

고기 잡으러 가자 126
베드로, 잊을 수 없는 상처 130
너의 실패가 나를 포기 시키지 못한다 133
진정 목숨을 걸고 사명을 감당함 136
나의 심장이 너를 놓을 수 없다 138

7
여전히 목표는 베드로

사도행전에 나타나는 베드로의 행적 144
고넬료 전도는
이방인 전도의 역사가 아님 147
환상의 의미 151
베드로에게 충격을 주는 것이 목표 156
사도행전 전반부를 이해하는 관점 159

8
기대하지 않은 구원

헤롯 아그리파 1세의 핍박 169
베드로조차 구출을 기대하지 않다 172
무엇을 위해 간절히 기도했을까? 174
베드로의 퇴장을 허락지 않으심 178
헤롯왕의 죽음에 대하여 181

Prolog 4
Epilogue Dear, 베드로 190

1
베드로, 예수님께 분노를 품다

마태복음 4장 18~22절

¹⁸갈릴리 해변에 다니시다가 두 형제 곧 베드로라 하는 시몬과 그 형제 안드레가 바다에 그물 던지는 것을 보시니 저희는 어부라 ¹⁹말씀하시되 나를 따라 오너라 내가 너희로 사람을 낚는 어부가 되게 하리라 하시니 ²⁰저희가 곧 그물을 버려 두고 예수를 좇으니라 ²¹거기서 더 가시다가 다른 두 형제 곧 세베대의 아들 야고보와 그 형제 요한이 그 부친 세베대와 한가지로 배에서 그물 깁는 것을 보시고 부르시니 ²²저희가 곧 배와 부친을 버려두고 예수를 좇으니라

본문에 대한 일반적인 이해

　　마태복음 4장 18절부터 22절까지는 바다에서 일하고 있는 베드로와 그 형제 안드레를 예수님께서 보시고 "나를 따라오너라"고 말씀하시니 곧 그물을 버려두고 예수님을 따라갔다는 이야기입니다. 그래서 우리는 이 내용을 가지고 예수님께 즉시 순종한 베드로에 대해서 설교하는 것을 많이 듣게 됩니다.

　　"베드로는 일하는 도중에 부르셨는데도 말씀에 순종해서 나왔습니다. 베드로는 그물과 배를 버리고 예수님을 좇았습니다. 즉, 자신의 모든 물질을 버려두고 예수님을 좇았습니다. 그래서 그는 예수님의 수제자가 되었던 것입니다. 그러니 우리도 우리의 모든 것인 삶의 터전과 물질을 다 버리고 예수님께로 나와야 합니다." 하는 식의 설교를 한두 번은 들으셨을 것입니다.

　　그러나 과연 베드로라는 인물이 그렇게 결단력

있고, 준비된 자여서 예수님의 말씀 한마디에 순종하고 나왔는지, 그렇기에 우리가 본받도록 기록을 했는지 살펴보아야 할 필요성이 있습니다. 이제부터 베드로의 진실을 밝혀보겠습니다.

첫 번째 만남

위와 같이 생각하시던 분은 요한복음을 보시면 의외의 장면을 만나게 될 것입니다.

> 요1:35 또 이튿날 요한이 자기 제자 중 두 사람과 함께 섰다가 ³⁶예수의 다니심을 보고 말하되 보라 하나님의 어린 양이로다 ³⁷두 제자가 그의 말을 듣고 예수를 좇거늘 ³⁸예수께서 돌이켜 그 좇는 것을 보시고 물어 가라사대 무엇을 구하느냐 가로되 랍비여 어디 계시오니이까 하니 (랍비는 번역하면 선생이라) ³⁹예수께서 가라사대 와 보라 그러므로 저희가 가서 계신데를 보고 그 날 함께 거하니 때가 제 십시쯤 되었더

라 ⁴⁰요한의 말을 듣고 예수를 좇는 두 사람 중에 하나는 시몬 베드로의 형제 안드레라 ⁴¹그가 먼저 자기의 형제 시몬을 찾아 말하되 우리가 메시야를 만났다 하고 (메시야는 번역하면 그리스도라) ⁴²데리고 예수께로 오니 예수께서 보시고 가라사대 네가 요한의 아들 시몬이니 장차 게바라 하리라 하시니라(게바는 번역하면 베드로라)

베드로와 안드레는 형제로서 늘 같이 다녔던 것 같습니다. 베드로와 안드레는 마태복음 4장의 갈릴리 바다에서 고기를 잡다가 예수님을 처음 만난 것이 아니었습니다. 분명히 세례 요한의 제자(요 1:35)로 있다가 세례 요한이 예수님을 메시야라고 지목하자 따라가서 예수님을 뵈었습니다. 안드레는 예수님과 하룻밤을 함께 이야기하며 지냈으며, 또한 베드로는 예수님께 게바라는 별명까지 얻었습니다. 그런데 지금 갈릴리 바닷가에서 예수님께서 또 다시 부르시는 장면이 나오고 있는 것입니다. 이것이 어찌된 연유일까요?

여기서 성경을 믿지 않는 자들의 말을 따라서 '아! 성경이 모순된다.'고 할 수도 있습니다. 하지만 기도하며 연구하다보면 진실을 발견하게 될 것입니다. 복음서를 4권이나 주신 것은 4권이라서 골치 아픈 것이 아니고 예수님에 대해, 복음에 대해서 그만큼 풍성한 이해를 얻을 수 있도록 하신 하나님의 깊으신 뜻임을 생각해야 합니다. 그러므로 하나님의 깊으신 뜻을 알기 위해 노력해야 하겠습니다.

복음서 4권을 통해 베드로에 대해서 입체적으로 그려보겠습니다. 그러면 더 풍성한 내용을 얻게 될 것입니다.

요한복음의 기록을 보면 예수님의 제자들은 예수님의 초기 사역 때부터 계속 예수님을 따라다니고 있었음을 알 수 있습니다(요2:2 참고). 그러므로 베드로와 안드레 등이 요한복음 1장 35절 이하에 그려져 있는 만남 후에 예수님의 제자가 되었다면, 그보다 시간적으로 후의 기록인 마태복음 4장에서 다시 부름 받을 리가 없습니다. 그런데 베드로와 안드레가 다시 부름을 받고 있습니다. 결국 이것은 베드로와 그의 동료들이 초기에 예수님을 계속 따라다니는 제자들에는 끼어있지 않았다는 결론을 얻게 됩니다. 이것을 기억해 주십시오.

왜 예수님을 따라 다니지 않았을까요? 베드로와 안드레 등은 당시 세례 요한의 제자로 활동했었습니다. 그런데 자신들의 선생인 세례 요한이 자신이 메시야가 아니라 바로 예수님이 메시야라고 증거하였고, 또한 세례 요한이 이들을 예수님께 보내서 예수님을 만났는데도 불구하고 왜 따라 가지 않았는지 쉽게 이해하기 어렵습니다. 이것에 답하는 것이 마태복음 4장의 사건을 이해하는 핵심이 될 것입니다.

재미있는 그림

왜 따라 가지 않았는지 알기 위해서 먼저 몇 가지 살펴봐야 할 것들이 있습니다. 마태복음 4장의 병행본문이 마가복음과 누가복음에 나오는데 그 중

가장 상세하게 기록된 것이 누가복음 5장 1~11절입니다.

> ⁽눅5:1⁾무리가 옹위하여 하나님의 말씀을 들을쌔 예수는 게네사렛 호숫가에 서서 ²호숫가에 두 배가 있는 것을 보시니 어부들은 배에서 나와서 그물을 씻는지라 ³예수께서 한 배에 오르시니 그 배는 시몬의 배라 육지에서 조금 띄기를 청하시고 앉으사 배에서 무리를 가르치시더니 ⁴말씀을 마치시고 시몬에게 이르시되 깊은 데로 가서 그물을 내려 고기를 잡으라 ⁵시몬이 대답하여 가로되 선생이여 우리들이 밤이 마치도록 수고를 하였으되 얻은 것이 없지마는 말씀에 의지하여 내가 그물을 내리리이다 하고 ⁶그리한즉 고기를 에운 것이 심히 많아 그물이 찢어지는지라 ⁷이에 다른 배에 있는 동무를 손짓하여 와서 도와달라 하니 저희가 와서 두 배에 채우매 잠기게 되었더라 ⁸시몬 베드로가 이를 보고 예수의 무릎 아래 엎드려 가로되 주여 나를 떠나소서 나는 죄인이로소이다 하니 ⁹이는 자기와 및 함께 있는 모든 사람이 고기 잡힌

것을 인하여 놀라고 ¹⁰세베대의 아들로서 시몬의 동업자인 야고보와 요한도 놀랐음이라 예수께서 시몬에게 일러 가라사대 무서워 말라 이제 후로는 네가 사람을 취하리라 하시니 ¹¹저희가 배들을 육지에 대고 모든 것을 버려두고 예수를 좇으니라

여기에는 재미있는 장면이 묘사되고 있습니다. 1절에 보면 무리가 둘러싸고 예수님의 말씀을 듣고 있었습니다. 이미 많은 무리들이 예수님 앞으로 왔는데 호숫가에 있는 어부들은 자기 할 일만 하고 있습니다. 참 이상하지 않습니까? 이들은 왜 안 가고 있을까요. 이들이 예수님을 잘 모르기 때문에 즉, 왜 이렇게 사람들이 모여드는지, 예수님이 누군지 모르기 때문에 거기 가지 않은 것입니까?

그러나 이 어부들이 예수님을 모를 리가 없습니다. 그 어부란 결국 베드로와 안드레와 그 친구들이기에 예수님을 너무도 잘 알고 있었습니다. 앞에서도 말씀드렸지만 이들은 세례 요한의 증거도 들었고 찾아가서 하룻밤 동안 이야기도 나누었습니다.

그런데도 가질 않고 있는 것입니다. 상식적으로 납득이 되지 않는 모습입니다.

일을 하고 있던 이유

뭔가 납득이 안 될 때 '그냥 확 믿어. 뭘 따져.' '그게 뭐가 중요하다고 그래.' 그렇게 하면 안 됩니다. 성경은 언어이고 기본적으로 이해하는 것을 전제하고 있습니다. 이것이 '수리수리 마수리' 같은 주문과 성경이 다른 이유입니다. 그렇기에 우리는 납득되지 않는 행동을 하고 있는 이유가 무엇인지 살펴봐야 하겠습니다.

> 요3:22 이 후에 예수께서 제자들과 유대 땅으로 가서 거기 함께 유하시며 세례를 주시더라 23요한도 살렘 가까운 애논에서 세례를 주니 거기 물들이 많음이라 사람들이 와서 세례를 받더라 24요한이 아직 옥에 갇히지 아니하였더라 25이에 요한의 제자 중에서 한 유대인으로 더불

어 결례에 대하여 변론이 되었더니 [26]저희가 요한에게 와서 가로되 랍비여 선생님과 함께 요단강 저편에 있던 자 곧 선생님이 증거하시던 자가 세례를 주매 사람이 다 그에게로 가더이다

위의 본문의 분위기가 그리 좋지 않다는 것을 확연히 느끼실 수 있을 것입니다. 지금 상황은 세례 요한이 옥에 갇히기 얼마 전 상황입니다. 예수님을 따르는 자들은 점점 늘어나는데, 세례 요한 진영에는 사람들이 줄어가고 있습니다. 그것이 세례 요한의 사명입니다.

그런데 이것에 대해서 세례 요한의 제자들은 제대로 인식하지 못했기 때문에 불만스러워 합니다. 우리말 성경으로 번역되면서 누락된 감탄사가 있습니다. 이것을 번역하자면 '보소서' 정도가 됩니다만 이 말엔 좋지 않은 감정이 섞여 있습니다. '아니, 우리가 원조인데 저 쪽이 장사가 더 잘되고 있다니 말이 됩니까? 그것도 가까운 데 와서 동종업

을 하면 상도덕 상 있을 수 없는 일이 아닙니까?' 라고 투정을 부리는 것입니다. 지금 이런 투정을 부리는 자들 속에 예수님을 따라가지 않은 베드로와 안드레가 끼어 있다고 볼 수 있습니다.

이렇게 확인한 결과 베드로는 지금 일부러 예수님과 무리들에게 관심이 없는 척 그냥 그물을 씻고 있던 것이 분명합니다. 그물 씻는 것, 그것도 빈 그물 씻는 일이 뭐 그리 급한 일도 아닌데 일하는 척하며, 일을 핑계로 가지 않고 있습니다.

> 요3:28 나의 말한 바 나는 그리스도가 아니요 그의 앞에 보내심을 받은 자라고 한 것을 증거할 자는 너희니라

앞으로 예수님이 그리스도라고 증거해야 할 사명을 가진 자들이 바로 너희들이라고 세례 요한이 유언과 같은 신신당부를 했는데도 말입니다. 왜 이렇게 심사가 뒤틀려 있을까요? 뭐가 그를 이토록, 그의 선생인 세례 요한의 마지막 당부까지 저버리도

록 만든 것일까요?

심사가 뒤틀린 이유

그것의 힌트를 요한복음 4장 1절에서 볼 수 있습니다.

> 요4:1 예수의 제자를 삼고 세례를 주는 것이 요한보다 많다 하는 말을 바리새인들이 들은 줄을 주께서 아신지라 (중략) ³유대를 떠나사 다시 갈릴리로 가실쌔

이렇게 예수님께서는 갈릴리로 돌아 오셨고, 그 후 세력이 약해진 세례 요한은 얼마 되지 않아 옥에 갇히게 되었습니다. 이것은 그동안 세례 요한을 잡아가두고 싶었던 세력들이 대중의 힘을 두려워하여 그렇게 하지 못하다가 드디어 대중의 이목이 예수님께로 옮겨 가자 바로 잡아간 것입니다. 이 과정

을 그의 제자인 베드로는 목도했던 것입니다.

교회를 다니는 사람이라면 베드로가 어떤 인물인지 압니다. 예수님께서 잡혀갔을 때에 칼을 빼서 휘두르는 모습에서도 그의 인물됨, 충성심이 잘 나타납니다. 아마도 요한이 잡혀갈 때도 비슷한 모습이지 않았겠습니까? 그래서 그의 마음속에 예수님에 대한 원망이 쌓였던 것입니다.

예수님이 흥하자 세례 요한이 망했습니다. 이로 인하여 베드로는 인간적인 배신감 같은 것을 느끼고 있었던 것입니다. '세례 요한이 그토록 예수님을 위해 노력해서 대중을 몰아줬으면 이번에는 세례 요한을 위해 뭔가 일을 해야 하는 것이 아닌가?'라는 생각을 했을 것입니다. 최소한 구명운동에 힘을 써줬어야 하는 것 아니냐 이것입니다.

베드로가 보기에 오히려 예수님은 세례 요한의 세력만 분산시켜 놓고는 분위기가 심상치 않으니까 이 갈릴리로 도망 온 것이 아닌가 하는 생각을 하고 있었던 것입니다. 그러니 당연히 예수님에 대한 심정이 좋지 못한 것입니다.

  이런 생각을 하고 있었다는 증거는 그가 "주여 나를 떠나소서 나는 죄인이로소이다"라고 고백하는 것에서 알 수 있습니다. 정황적으로 보면 그가 이적을 체험했으니까 그 말보다는 "주여 믿습니다. 주를 따르겠나이다."라고 말하는 것이 맞습니다. 그런데 이런 자신의 속마음 깊은 곳을 다 간파하고 계시다는 것을 깨달았기 때문에 그렇게 고백하고 있는 것입니다. 자신의 생각을 훨씬 넘어선 무한한 존재 앞에 섰기 때문에 거룩에의 두려움을 느끼게 된 것입니다.

  예수님께서는 이렇게 뒤틀어진 베드로의 마음을 아시고 당신의 말씀을 들을 수 있도록 그의 배에 오르셨습니다. 그렇게 해서 예수님을 믿는 마음을 회복시켜 주셨습니다. 예수님의 말씀을 따를 수 있도록 마음을 움직여 주셨습니다. 그리고 더 나아가서 그를 당신의 제자로서 특별한 일을 수행할 수 있도록 하시기 위해 이적을 베푸셨습니다. 예수님께서 이렇게까지 해서 베드로를 항복시키시고 구원하시는 모습을 볼 수 있습니다.

왜 처음에 안 따라 갔을까?

베드로와 그의 동료들은 예수님을 이미 만났어도 따르지 않고 있다가 세례 요한의 일 때문에 더욱 예수님을 싫어하게 되었습니다. 그것은 예수님이 자신들과 코드가 맞지 않는다고 생각했기 때문입니다. 자신이 가지고 있던 메시야관, 로마에 억압받는 유대민족을 정치적으로 구원해 줄 메시야, 거짓되고 타락한 제사장이 점령하고 있는 종교적인 상황을 뒤엎을 메시야를 생각하던 그들에게 예수님은 너무나 먼 인물이었습니다.

그들은 아무리 자신들의 선생이 증거한 분이라도 자신의 생각과 맞지 않았기 때문에 예수님을 메시야로 인정할 수 없었습니다. 세상의 문제를 해결하기 위해 노력하고, 억압받는 민족을 정치적, 군사적, 경제적으로 구원하려고 애쓰는 인물을 원하고 있었습니다. 세례 요한이 잡혔으면 가서 옥을 파하고서라도 꺼내 오시고, 민중을 모아 예루살렘으로 진격해서 로마를 부수는 그런 예수님을 원했을 것입니다.

이런 면에서는 오히려 예수님보다는 세례 요한이 훨씬 낫다고 생각한 것입니다. 최소한 세례 요한은 목소리를 높여 민중을 모으고, 종교지도자들에게 과감하게 "이 독사의 자식들아"라고 외치고, 감옥에 가는 인물로서 자신들의 구미에 딱 맞는 그런 인물이었습니다. 그래서 예수님을 따라 가지 않았습니다. 그리곤 지금 예수님을 적대하는 인물로 서 있습니다.

우리도 늘 이런 실수를 합니다. 내가 생각하는 '메시야 상'이란 것을 가지고 있습니다. 그래서 '이러저러해야 메시야'라고 내 쪽에서 메시야를 규정해 놓습니다. 나를 건강하게 해주셔야 메시야시고, 잘 살게 해주셔야 메시야고, 내가 보기에 옳은 일을 해주셔야 메시야라고 생각합니다. 이런 것이 충족

되지 않으면 우리는 예수님의 메시야 되심을 끊임없이 의심하고 배반하는 자들입니다.

그러나 그것은 명백히 우리의 오해이며 제자들의 오해입니다. 예수님의 메시야 되심은 우리의 의심과 부정과 관계없이 참입니다. 오히려 우리는 예수님의 말씀에 주의해서 귀를 기울여야 합니다. 혹시 우리가 생각하던 것과 다르더라도 그분이 하시는 말씀이 참 진리이며 따라야 하는 것임을 자신에게 납득시켜야 합니다. 그분을 내 틀에 맞추는 것이 아니라 내가 예수 그리스도의 구원자 되심에 항복하고 따라가야 합니다.

그럼에도 불구하고 우리가 우리의 오해로 인하여 예수님을 떠난다 하더라도 주께서는 당신의 제자들을 그냥 내버려 두시지 않으셨던 것처럼 우리를 결단코 놓지 않으십니다. 예수님의 사랑과 열심이 우리를 당신의 제자로 항복시킬 때까지 계속해서 말씀하시고 역사하실 것입니다.

제자들이 자신들의 선입관, 메시야관, 신앙관과

맞지 않는다고 예수님을 따르지 않고 믿지 않았으나 예수님께서 그들에게 간섭하시고 납득시켜서 당신의 제자로 삼으셨던 것처럼 우리를 간섭하시고 납득시키실 것입니다. 나를 배에 함께 묶어 놓고 말씀하시고, 삶 속에 은혜로 간섭하시고, 설복시켜서 결국 '주님을 믿습니다.' 라는 고백을 만드실 것입니다.

> 예수님을 내 틀에 맞추는 것이 아니라
> 내가 예수 그리스도의 구원자 되심에 항복하고
> 따라가야 합니다.

2
믿음이란 무모함인가?

마태복음 14:22~36

²²예수께서 즉시 제자들을 재촉하사 자기가 무리를 보내는 동안에 배를 타고 앞서 건너편으로 가게 하시고 ²³무리를 보내신 후에 기도하러 따로 산에 올라가시다 저물매 거기 혼자 계시더니 ²⁴배가 이미 육지에서 수리나 떠나서 바람이 거슬리므로 물결을 인하여 고난을 당하더라 ²⁵밤 사경에 예수께서 바다 위로 걸어서 제자들에게 오시니 ²⁶제자들이 그 바다 위로 걸어 오심을 보고 놀라 유령이라 하며 무서워하여 소리지르거늘 ²⁷예수께서 즉시 일러 가라사대 안심하라 내니 두려워 말라 ²⁸베드로가 대답하여 가로되 주여 만일 주시어든 나를 명하사 물 위로 오라 하소서 한대 ²⁹오라 하시니 베드로가 배에서 내려 물 위로 걸어서 예수께로 가되 ³⁰바람을 보고 무서워 빠져 가는지라 소리질러 가로되 주여 나를 구원하소서 하니 ³¹예수께서 즉시 손을 내밀어 저를 붙잡으시며 가라사대 믿음이 적은 자여 왜 의심하였느냐 하시고 ³²배에 함께 오르매 바람이 그치는지라 ³³배에 있는 사람들이 예수께 절하며 가로되 진실로 하나님의 아들이로소이다 하더라 ³⁴저희가 건너가 게네사렛 땅에 이르니 ³⁵그 곳 사람들이 예수신 줄을 알고 그 근방에 두루 통지하여 모든 병든 자를 예수께 데리고 와서 ³⁶다만 예수의 옷가에라도 손을 대게 하시기를 간구하니 손을 대는 자는 다 나음을 얻으니라

예수님께서 제자들이 타고 있는 배를 향하여 바다 한가운데로 걸어서 오고 계십니다. 제자들이 예수님께서 물 위를 걸으시는 모습을 아주 확연하게 볼 수 있었던 듯합니다. 이걸 보고 다들 유령이라고 놀라고 있습니다. 이러한 제자들의 태도에 대해 병행본문인 마가복음은 심하게 정신이 나갔기 때문이라고 비난합니다.

아무튼 바다 위를 걸어서 오고 계시는 예수님을 뵙고 베드로는 아주 뜬금없어 보이는 요청을 합니다. 갑자기 자신도 예수님처럼 바다 위를 걸어보겠다는 마음을 먹고 예수님께 이러한 소원을 들어주실 것을 요청하기에 이릅니다. 그리곤 이내 물에 빠져서 살려달라고 아우성을 칩니다. 그래서 역시 베드로는 앞뒤 보지 않고 단순히 행동하는 인물답다는 생각을 하게 합니다.

이 사건에 대한 두 가지 시각

이 장면에 대해서 대체로 두 가지 시각으로 정리되고 있습니다. 하나는 '신앙이란 베드로처럼 단순하게 믿어야 하는 것이다. 그가 비록 나중에는 의심하게 되어서 물에 빠졌지만 처음에는 분명히 물 위를 걸었다. 이것이 얼마나 대단한 믿음이냐. 우리도 베드로처럼 단순하게 믿어야 한다.' 라는 주장입니다.

더 나가서 신앙이란 베드로처럼 마음에 동요가 생겼을 때에라도 그것을 따지지 않고 따라야 하는 것이라고 합니다. 따지고 하는 것은 결국 의심하는 것이고 본문의 베드로도 처음에는 아무런 생각 없이 감동 받은 대로 행할 때는 위대한 기적을 행했으나 '사람이 어떻게 물 위를 걸을 수 있단 말인가?' 라는 생각을 하면서 실패하게 되었다는 것입니다.

이런 생각들은 자연히 반이성주의적인 성향을 가지게 만듭니다. 이러한 반이성주의적인 태도가 신앙지상주의적인 옷을 입고서 '믿음 좋다' 는 평가 속에 칭송되기도 합니다. 사람들은 베드로도 이런 반이성주의적인 단순한 믿음을 지닌 신앙지상주의적인 성향 때문에 예수님의 수제자가 될 수 있던 것이라고 주장합니다.

그러나 이것은 믿음과 신앙에 대해 아주 심각한 오해를 하고 있는 것입니다. 예수님의 말씀은 대단히 이성적이며 논리적입니다. 망대를 짓기 전에 제대로 일을 성사시킬 수 있는지 따져보라고 하셨습니다. 또 전쟁에 나가기 전에 불리하면 어떻게든지, 굴욕적이더라도 화친하라고 하실 정도로 현실적인 판단을 요구하셨습니다.

이것과 좀 다른 시각은 베드로가 단순 무식하고 너무도 즉흥적이어서 결국 실패하게 되었다고 보는 것입니다. '신앙이란 감정의 요동을 따라서 단순 무식하게 뛰어드는 것이 절대로 아니다. 바다 위를 걸어가려면 당위가 있어야 하는데, 이러한 당위에 대해 생각지 않고 무턱대고 뛰어들어서 뭔가 특이한 행동을 해보이려고 한 것이다. 그렇기에 베드로는 실패한 것이고, 혹여 실패하지 않았다면 이후에 많은 사람들이 이러한 태도를 본받아서 바다에 뛰어들고 교회의 신앙이라는 것을 신비주의적인

것으로 만들었을 것이다. 그렇기에 실패해야만 했다.'

  이는 앞의 주장보다는 훨씬 옳은 가르침입니다. 그리스도인의 그 어떤 행위도 자신을 드러내고 자신을 증명하려는 것이어서는 안 됩니다. 하물며 이러한 기적적인 일에서 자신의 신앙의 특이성을 나타내려고 한다면 절대로 안 되는 것입니다. 신앙의 특이성과 우월성을 드러내려는 행동이 성공하면 교회에 절대적인 악영향을 끼치게 됩니다.

  그런데 재미있는 것은 이러한 베드로의 요청에 대해 예수님께서 거절하지 않으시고 허락하셨다는 것입니다. 위의 주장에 맞춰 이 사실을 생각하면 예수님께서 베드로가 실패하게끔 만들어서 후대에 교훈을 주려고 하셨다는 것이 됩니다. 그러나 베드로의 사건을 통하여 교훈을 주려고 하신 것은 분명하지만, 베드로를 실패할 수렁에 넣으심으로 교훈을 삼으셨다고 말하기는 어려울 것 같습니다.

  이와 같은 접근은 옳은 것일 수 있지만, 예수님께 대해서 윤리적인 문제를 제기할 수 있는 소지를 담고 있습니다. 또한 예수님의 수제자인 베드로를 너무도 단순 무식한 사람으로 평가절하하고 있는 측면도 있습니다. 그렇게 단순 무식한 자를 수제자로 쓰실 만큼 예수님께서 가르치시는 신앙에는 이성적이고 지적인 능력이란 필요 없다는 결론을 도출할 위험도 있습니다.

그렇다면 과연 베드로는 왜 물 위를 걸어가기를 소원했으며, 예수님께서는 왜 그 요청을 받아들여주셨을까요? 이를 이해하기 위해서는 이 사건의 정황을 좀 더 폭넓게 봐야 합니다. 예수님께서 물 위를 걸어서 제자들이 있는 배로 오셨습니다. 일단 물 위를 걸어오시는 기적이 어떤 의미를 가지는지 알아야 베드로가 벌인 황당한 장면을 이해할 수 있습니다. 또한 물 위를 걸어오시는 기적의 의미를 알기 위해서는 왜 이 상황이 벌어졌는지 알아야 합니다.

민중 봉기의 시발점

이를 위해서 본문의 바로 앞 장면을 보겠습니다.

^{마14:13}예수께서 들으시고 배를 타고 떠나사 따로 빈 들에 가시니 무리가 듣고 여러 고을로부터 걸어서 좇아간지라 ¹⁴예수께서 나오사 큰 무리를 보시고 불쌍히 여기사 그 중에 있는 병인을 고쳐 주시니라 ¹⁵저녁이 되매 제자들이 나아와 가로되 이곳은 빈 들이요 때도 이미 저물었으니 무리를 보내어 마을에 들어가 먹을 것을 사 먹게 하소서 ¹⁶예수께서 가라사대 갈것 없다 너희가 먹을 것을 주어라 ¹⁷제자들이 가로되 여기 우리에게 있는 것은 떡 다섯 개와 물고기 두 마리 뿐이니이다 ¹⁸가라사대 그것을 내게 가져오라 하시고 ¹⁹무리를 명하여 잔디 위에 앉히시고 떡 다섯 개와 물고기 두 마리를 가지사 하늘을 우러러 축사하시고 떡을 떼어 제자들에게 주시매 제자들이 무리에게 주니 ²⁰다 배불리 먹고 남은 조각을 열 두 바구니에 차게 거두었으며 ²¹먹은 사람은 여자와 아이 외에 오천 명이나 되었더라 ²²예수께서 즉시 제자들을 재촉하사 자기가 무리를 보내는 동안에 배를 타고 앞서

건너편으로 가게 하시고 ²³무리를 보내신 후에
기도하러 따로 산에 올라가시다 저물매 거기
혼자 계시더니

　그 유명한 오병이어의 기적, 물고기 두 마리와 떡 다섯 개로 오천 명을 먹이신 장면입니다. 이 사건은 대단히 중요한 사건이었습니다. 마태복음이 28장으로 구성되어 있음을 생각할 때, 14장에 기록된 이 사건들은 전반부의 결론으로 봐도 무방할 것입니다. 또한 4복음서 기자들 모두가 이 사건을 비중 있게 서술하고 있다는 사실도 우리를 주목하게 만듭니다.
　이 오병이어의 기적이 갖는 물리적인 영향력은 실로 대단한 것입니다. 여기서 5천 명이라는 숫자는 순수하게 남자만을 추려서 계산한 숫자입니다. 여기에 여자와 어린 아이의 숫자는 들어있지 않습니다. 물론 여자와 어린 아이들이 그렇게 많이 따라 왔을까에 대해서는 의문이 들지만 그렇다고 해서 전혀 없었다고 보기는 어려우므로 실제로 5천 명보다는 더 많은 사람들이 오병이어의 기적을 경험한 것입니다. 하지만 이보다는 당시 이스라엘 사회가 지극히 가부장적이었다는 점에 주목하는 것이 이 사건이 몰고 온 파장을 이해하는 데 도움이 될 것입니다. 가부장적인 사회에서는 가장의 경험에 절대적으로 의존하는 경향이 있는데 한 가정에 대략 5명 이상의 식구가 있었다면 3만 명 이상의 사람들에게 영향을 미친 대단한 사건이었다고 할 수 있습니다. 당시에 3만 명 정도의 인구면 충분히 하나의 도성을 건립하여 독자적인 세력을 규합할 수 있을 만큼의 세가 됩니다.

여기서 병행본문인 요한복음 6장의 후반부의 내용을 보겠습니다. 오병이어의 기적을 경험한 무리들이 밤에 사라지신 예수님을 수소문 끝에 찾아와서 예수님과 나눈 대화 중 일부입니다.

> 요6:31 기록된 바 하늘에서 저희에게 떡을 주어 먹게 하였다 함과 같이 우리 조상들은 광야에서 만나를 먹었나이다 32예수께서 이르시되 내가

진실로 진실로 너희에게 이르노니 하늘에서 내린 떡은 모세가 준것이 아니라 오직 내 아버지가 하늘에서 내린 참 떡을 너희에게 주시나니 [33]하나님의 떡은 하늘에서 내려 세상에게 생명을 주는 것이니라

  우매한 질문에 대해 예수님께서 답을 하고 계시는 장면입니다. 우리는 대화의 주제가 자연스럽게 모세를 통해서 만나를 먹던 역사로 연결되고 있다는 것에 주목해야 합니다. 즉 예수님의 광야에서의 오병이어 기적은 너무도 당연히 모세를 통해 내려주신 만나의 기적과 동일한 것임을 전제하고 있는 것입니다.

  이러한 상황에서 만일, 예수님께서 자신을 이들이 기다리던 메시야로 선언하면서 민중 봉기를 외치면 대단한 사건이 되었을 것입니다. 그렇지 않아도 예수님의 활동으로 인하여 세례 요한의 부활이라고 두려워하던 헤롯이나 로마의 관리들 입장에서 보면 심각한 사태가 아닐 수 없습니다.

요한복음 6장을 좀 더 살펴보면 이런 민중들의 반응을 발견할 수가 있습니다.

> 요6:14 그 사람들이 예수의 행하신 이 표적을 보고 말하되 이는 참으로 세상에 오실 그 선지자라 하더라 15 그러므로 예수께서 저희가 와서 자기를 억지로 잡아 임금 삼으려는 줄을 아시고 다시 혼자 산으로 떠나 가시니라

당시에 분명히 실존적인 왕이 있었다는 것을 생각한다면 이 사람들의 말은 다분히 반역에 가깝습니다. 반역에 대해서 조선 시대에는 삼족을 멸했고, 더 넓은 인류 역사를 살펴보더라도 철저히 단호한 처단을 내렸다는 것을 우리는 알고 있습니다. 그렇기에 쉽게 말하고 행동할 수 있는 사안이 아닙니다.

즉, 민중들도 이것이 민중 봉기의 시발로써 작용할 충분한 요건이 된다는 것을 본능적으로 느끼고 여기에 투신할 마음을 먹게 된 것입니다. 예수님께서 앞장을 서신다면, 아니 우리의 왕이 되어 주신다

면 분연히 일어서서 목숨을 걸고 메시야 왕국을 위해 싸우겠다는 결단이었을 것입니다.

더욱이 오병이어의 기적은 메시야적 색채가 매우 강한 사건이기에 민중들은 마른 들풀이 타오르듯이 확 달아올랐습니다. 이스라엘 사람이라면 누구라도 저분이 '메시야다!'라고 할 만한 사건이었던 것입니다.

> 신18:15 네 하나님 여호와께서 너의 중 네 형제 중에서 나와 같은 선지자 하나를 너를 위하여 일으키시리니 너희는 그를 들을찌니라

민중들은 바로 이 말씀을 떠올린 것입니다.

민중을 피해 도망가시는 예수님

그렇다면 예수님께서는 자신을 메시야로 인정할 수밖에 없을 만한 기적을 베풀어 놓고 왜 이들을 피

해서 도망을 치시는 것일까요? 이 민중들의 입장에서는 도무지 이해하기 어려웠고, 제자들도 마찬가지였으며, 오늘의 우리도 참 궁금합니다. 이에 대한 예수님의 대답은 이것입니다.

> 요6:26 예수께서 대답하여 가라사대 내가 진실로 진실로 너희에게 이르노니 너희가 나를 찾는 것은 표적을 본 까닭이 아니요 떡을 먹고 배부른 까닭이로다

이 말씀을 풀어서 설명하자면 '너희가 나를 찾는 까닭은 기적을 통해 보여주고자 했던 본질을 깨달았기 때문이 아니라, 오직 기적을 통하여 떡을 먹고 배부르게 된 그 자체가 주는 유익, 현실적이고 일차적인 유익, 세상적인 이익 때문일 뿐이다.' 라는 것입니다.

예수님께서는 이 오병이어의 기적을 통하여 당신의 신성을 드러내시면서 이 세상의 어떤 나라가 아니라 거룩한 하나님 나라를 건설하고 계시다는 것

을 보이기를 원하셨으나, 이들은 아직 이러한 것을 전혀 받아들일 수 없는 상태였던 것입니다. 이들이 예수님을 왕으로 세우고자 하는 것은 이스라엘 민족이 전통적으로 가지고 있는 메시야관과 민족적 왕국에 기초한 것이고, 거기서 한 발짝도 더 진보하지 못한 것이었습니다.

그래서 예수님께서는 이들을 피하신 것입니다. 예수님께서 민중의 움직임을 감지하시고 피하시는 장면을 보겠습니다.

> 마14:22예수께서 즉시 제자들을 재촉하사 자기가 무리를 보내는 동안에 배를 타고 앞서 건너편으로 가게 하시고 23무리를 보내신 후에 기도하러 따로 산에 올라가시다 저물매 거기 혼자 계시더니

예수님께서는 무엇보다 먼저 제자들을 재촉하여 배에 태워 보내십니다. 왜 제자들을 먼저 보내셨을까? 그것도 재촉하여 보내셨을까? 이는 제자들이

민중의 마음이 요동하여서 예수님을 억지로 왕을 삼고자 하는 데 휩쓸릴까봐 그렇게 하신 것으로 보입니다.

제자들은 지금까지 예수님을 따라다니면서 온갖 기적들을 보아왔습니다. 그렇기에 예수님께서 메시야이심을 어느 정도 확신하고 있었을 것입니다. 그런데 예수님께서 도무지 봉기에 앞장서지 않으시고, 뭔가 일을 벌이기 위한 액션을 취하지 않아서 진도가 나가지 않고 있다고 생각했는데, 이렇게 민중이 먼저 나서서 예수님을 왕으로 삼고자 한다면 이때야말로 기회라는 생각을 했을 것입니다. 그러면 예수님의 뜻을 좇아 민중을 말리기보다는 오히려 예수님을 왕으로 삼고자 하는 무리들과 완전히 동화되어 예수님을 압박하는 상황이 벌어질 수 있는 것입니다. 그렇기 때문에 제자들을 무리와 떼어놓기 위하여 재촉하여 배를 태워 보내신 것입니다.

요한복음을 통해서 보면, 예수님께서는 이 무리들을 떼어 놓기 위하여 아주 기민하게 움직이셨습니다. 제자들을 배에 태워 보내고, 예수님께서는 무리에게 작별을 고하고 산으로 올라가셨습니다. 그 후에 캄캄한 밤이 될 때까지 혼자 계시다가 한밤중, 새벽 3시경에 물 위를 걸어 제자들이 탄 배에 올라가서 건너편으로 가셨습니다. 왕을 삼으려는 무리는 예수님과 제자들 사이를 지키고 있었는데 이런 식으로 움직이셨기 때문에 허탕을 친 것입니다. 이들의 황망한 모습을 요한복음 6:22~25에 그리고 있습니다.

신앙의 천재성이 드러남

이 과정 중에 제자들은 예수님께서 물 위를 걸으시는 장면을 목격하게 됩니다. 몇 시간 전에 예수님께서 광야에서 만나를 나눠주던 모습을 통해 모세와 같은 메시야이심을 분명히 확인했는데, 이제 그분께서 물 위를 걸어서 건너오고 계십니다. 구약의 내용, 출애굽의 내용을 알고 있는 사람으로서 이 상황을 어떻게 이해하게 되겠습니까? 모세가 이스라엘 백성들과 함께 홍해를 건넌 사건을 기억하는 것이 너무도 당연하고 마땅하지 않습니까?

그런 인식적인 토대 위에 서 있는 베드로를 생각하면서 그의 요청을 이해해야 할 것입니다. 그저 베드로가 즉흥적이어서 정말 엉뚱하게 '예수님께서 물위를 걸으시니까 참 놀랍고 신기하다. 나도 한 번 걸어 봤으면….' 하는 호기심의 발로라고 한정하는 것은 옳지 않아 보입니다.

모세가 홍해를 건너고 있으면, 그냥 보고 '와! 신기하다.' 하고 박수를 치고 서 있는 것이 아니라 하나님 나라 백성이라면 함께 물로 들어가야 합니다. 베드로는 물 위를 걸어서 건너고 계신 예수님을 뵙고서 홍해의 모세를 떠올리지 않았겠습니까? 모두가 일이 빠져 있던 바로 그 상황에서 말입니다.

베드로는 자신이 모세와 같은 선지자인 메시야를 대망하는 자로서 마땅히 '메시야를 따라서 물을 건너야만 하겠구나!' 하는 생각을 한 것입니다. 이런 인식과 당위에 따른 확고한 신념을 갖고서 자기도 걷게 해달라는 요청을 하게 된 것입니다.

이처럼 예수님을 따라서 바다 위를 걸어가겠다는 베드로의 요청은 단순하고 즉흥적인 신앙에 근거한 것이 아닙니다. 여기에는 베드로의 심오한 신앙과 고백이 들어 있는 것이며, 그렇게 해야 하는 당위가 들어 있습니다. 그렇기에 예수님께서도 이것을 허락하신 것입니다. 단순 무식한 것은 우리지, 예수님의 수제자인 베드로가 아닙니다. 베드로가 수제자인 것이 그저 단순 무식한 충성 경쟁의 승리로 얻어진 것이 결코 아닙니다. 그는 이미 민족적 메시야 운동에 전심을 다하고 있던 사람이었으며, 세례 요한의 진가를 알아보고 그의 제자가 되었던 사람입니다. 하나님 나라에 대한 충심이 깊은 사람이었고, 그렇기에 그 사상적 인식의 깊이도 남달랐다고 봐야 합니다. 쉽게 단순 무식한 사람이라는 평가를 내려선 안 됩니다.

 예수님께서는 그러한 신앙적 고백을 보시고 베드로의 요청을 받아주시어 물 위를 걸어오라고 명령을 내리신 것입니다. 베드로의 표현을 한 번 보십시오. 베드로가 순전히 자신의 소원을 아뢰는 것이라면 "물 위를 걸어서 당신께 갈 수 있도록 해 주십시오."라고 했을 것입니다. 그런데 "물 위를 걸어서 당신께로 오라고 명령하십시오."라고 하고 있습니다. 분명히 베드로는 신앙적 고백과 당위를 가지고 요청하고 있는 것입니다.

이것은 로마 가톨릭이 주장하는 베드로의 특별한 지위, 초대 교황이라는 주장을 지지하고자 하는 것이 결코 아닙니다. 하지만 베드로에 대해서 너무도 단순 무식한 어부라고만 접근하는 것도 옳은 태도가 아닙니다. 그가 수제자이며, 후에 예루살렘 교회의 수장으로 교회를 지도하고 이끌었던 인물임을 기억해야 합니다. 거칠고 배운 것 없는 어부라는 선입견으로만 보면 베드로의 참모습을 발견할 수 없습니다. 뿐만 아니라 예수 그리스도의 교회가 하나님의 경륜하심에 참여하는 고도한 기관이라는 사실을 인식하는 데에도 실패하게 됩니다. 그렇게 되면 교회가 그저 어리숙하며 단순한 사람들이 세상의 복잡함을 잊고 서로 위로나 하면서 지내는 저급한 집단인 것처럼 여기고, 또 그런 취급을 받게 될 것입니다.

 베드로가 베드로답게, 수제자답게 된 것은 전적인 예수님의 사역이며, 성령님을 통하여 이루어 주신 은혜입니다. 시작할 때에 우리와 비슷한 수준의 사람을 그처럼 고도한 수준으로 만드셨다는 사실에 놀라야 합니다. 그 은혜와 사역을 저급하고 일차원적인 이야기로 여겨서는 안 됩니다. 성경의 기록이 그렇게 가볍다면 2000년이라는 역사를 가질 수 없었을 것이고, 잊혀지고 말았을 것입니다. 처음에는 가볍게 여기며 읽어 갈지라도 점점 더 깊어져서 항복하게 되고 마는 것이 성경입니다. 성경은 위대합니다.

 그렇기 때문에 성경에 기록된 내용, 중요하게 기록된 인물, 예수님께서 수제자로 세우시고 쓰신 인물을 우리의 수준에 맞춰서, 아니 우리보다 못한 수준에 있는 사람으로 상정하고 해석해 나간다면 큰 오류를 범하게 될 것입니다.

신앙의 당위를 딛고 걸어야 함

 문제는 이러한 신앙적 고백과 당위가 존재함에도 불구하고 실패하여 물에 빠졌다는 사실입니다. 이에 대해 예수님께서는 '의심' 때문이라고 말씀하셨습니다. 우리는 이것을 보면서 우리의 실존적인 삶을 보게 됩니다. 우리에게 신앙적인 고백과 당위가 있어도 어느 순간에 '의심'하게 되어 넘어지는 일이 일어납니다. 이런 때에는 쉽게 '내가 잘못된 길을 갔구나, 가지 말아야 할 길을 갔구나!'라고 생각하게 됩니다. 매우 분명한 당위와 그에 따른 확신 속에 시작했다 하더라도 도중에 흔들림을 경험하게 되며, '의심'하게 되어 침몰하고 실패하게 되기도 합니다.

 그러나 이러한 실패 속에서라도 그냥 내버려 두지 않으시고 붙잡아 세우시는 은혜를 베푸신다는 사실 또한 우리에게 주어진 약속입니다. 당위에 대한 확고한 신념 속에서 시작했으나 우리의 연약함으로 인해 '의심'으로 빠지고 있을 때는 내버려두지 않으시고 건져내시는 손길을 경험하게 되는 것입니다. 그저 2000년 전의 베드로에게나 행해지고 역사적 기록 속으로 사라지는 것이 아닙니다. 우리를 위하여, 우리의 믿음의 행보를 지지하시며, 우리의 부족으로 인한 무너짐을 그냥 두지 않으시겠다는 확증을 보이신 것입니다.

그렇기에 두려움이 있다고 하더라도 믿음의 당위가 분명하다면 뛰어들어서 신앙의 행보, 믿음의 발걸음을 걸어야 합니다. 도무지 불가능해 보이는 물 위를 걷는 일이라도 감행해야 합니다. 그리고 그런 신앙의 길도 흔들릴 수 있고, 때때로 실패한 것처럼 보일 수 있고, 또한 실패할 수도 있습니다. 하지만 이러한 과정을 겪고 난 후 베드로의 모습을 보시길 바랍니다.

> 요6:68 시몬 베드로가 대답하되 주여 영생의 말씀이 계시매 우리가 뉘게로 가오리이까
> 69 우리가 주는 하나님의 거룩하신 자신 줄 믿고

알았삽나이다

 이 멋진 고백이 바로 베드로의 고백입니다. 베드로는 이처럼 물에 빠졌다가 건짐을 받고서 이 고백을 할 수 있게 되었습니다. 그리고 이 고백은 자연히 발전하여 마태복음 16장에서의 그 유명한 "주는 그리스도시요 살아계신 하나님의 아들이시니이다"라는 고백으로 발전하게 되었습니다. 비록 온전히 성공하진 못했으나 믿음의 신념, 신앙의 당위를 따라 한 걸음을 딛고 나갔기에 이 고백이 베드로의 고백이 될 수 있었던 것입니다. 옆에 우두커니 서 있는 것으로는 이런 깊은 신앙의 진보를 얻지 못하고 관념론으로 빠지고 말았을 것입니다.

행하지 않는 믿음은 가짜다

 마태복음 14장의 사건이야말로 베드로를 예수님의 수제자로서 확고히 자리매김하는 계기가 되었습니다. 우리도 베드로와 같이 믿음의 걸음을 걸어야 합니다. 단순하고 무식하게 일을 저지르라는 것이 아닙니다. 그건 우리의 이성을 마비시키고, 일종의 환각 상태 내지는 마약 중독 상태에서야 가능한 이야기입니다. 그런 것을 믿음의 행위라고 생각하고 있으니까 믿음의 행보를 하지 못하는 것입니다. 그것은 믿음이 뭔지 모르는 것입니다. 우리는 믿음이라는 단어, '믿는다'라는 말을 늘 안 믿거나 못 믿는데다가 붙이는 습성을 가졌기 때문에 매우 오해가 많습니다.

우리의 신앙, 우리의 믿음이란 정말 믿는 것이어야 합니다. 그러나 그것이 손에 잡히는, 눈에 보이는 수준에서만 믿는 것이 아니라 아직 우리의 눈에, 우리의 감각에 다 들어오지 않고 있을 때에라도 하나님의 말씀과 예수 그리스도의 약속을 보면서 생기는 믿음입니다. 그 내용이 나에게 요구하심을 느끼고, 내가 행위를 해야 할 당위를 깨달으면 믿음의 걸음을 걸어야 합니다.

먼저 성경 말씀을 배워야 하고, 거기서 내게 요구

하심을 들을 수 있어야 합니다. 그리고 내가 해야 할 당위를 깨닫기 위해서 애를 써야 하고, 그 깨달음을 따라서 베드로처럼 말씀을 의지하고 한 걸음을 걸어 나가야 합니다. 비록 그 걸음이 온전한 성공에 다다르지 못하고, 도중에 미끄러지며, 빠져들어 가고, 실패한다고 할지라도 그것을 통하여 훈련이 되고, 믿음이 굳건해지는 것입니다.

다시 한 번 노파심에서 강조합니다. 믿음의 행보에는 말씀을 통한 당위가 있어야 합니다. 베드로가 그랬으니, 바울이 그랬으니 나도 그렇게 하겠다는 무식한 호기는 버려야 합니다.

"
믿음의 행보에는
말씀을 통한 당위가 있어야 합니다.
"

3
베드로, 예수님께 대들다

마태복음 16장 13~28절

¹³예수께서 가이사랴 빌립보 지방에 이르러 제자들에게 물어 가라사대 사람들이 인자를 누구라 하느냐 ¹⁴가로되 더러는 세례 요한, 더러는 엘리야, 어떤 이는 예레미야나 선지자 중의 하나라 하나이다 ¹⁵가라사대 너희는 나를 누구라 하느냐 ¹⁶시몬 베드로가 대답하여 가로되 주는 그리스도시요 살아계신 하나님의 아들이시니이다 ¹⁷예수께서 대답하여 가라사대 바요나 시몬아 네가 복이 있도다 이를 네게 알게 한 이는 혈육이 아니요 하늘에 계신 내 아버지시니라 ¹⁸또 내가 네게 이르노니 너는 베드로라 내가 이 반석 위에 내 교회를 세우리니 음부의 권세가 이기지 못하리라 ¹⁹내가 천국 열쇠를 네게 주리니 네가 땅에서 무엇이든지 매면 하늘에서도 매일 것이요 네가 땅에서 무엇이든지 풀면 하늘에서도 풀리리라 하시고 ²⁰이에 제자들을 경계하사 자기가 그리스도인 것을 아무에게도 이르지 말라 하시니라 ²¹이 때로부터 예수 그리스도께서 자기가 예루살렘에 올라가 장로들과 대제사장들과 서기관들에게 많은 고난을 받고 죽임을 당하고 제 삼 일에 살아나야 할 것을 제자들에게 비로소 가르치시니 ²²베드로가 예수를 붙들고 간하여 가로되 주여 그리 마옵소서 이 일이 결코 주께 미치지 아니하리이다 ²³예수께서 돌이키시며 베드로에게 이르시되 사단아 내 뒤로 물러가라 너는 나를 넘어지게 하는 자로다 네가 하나님의 일을 생각지 아니하고 도리어 사람의 일을 생각하는도다 하시고 ²⁴이에 예수께서 제자들에게 이르시되 아무든지 나를 따라 오려거든 자기를 부인하고 자기 십자가를 지고 나를 좇을 것이니라 ²⁵누구든지 제 목숨을 구원코자 하면 잃을 것이요 누구든지 나를 위하여 제 목숨을 잃으면 찾으리라 ²⁶사람이 만일 온 천하를 얻고도 제 목숨을 잃으면 무엇이 유익하리요 사람이 무엇을 주고 제 목숨을 바꾸겠느냐 ²⁷인자가 아버지의 영광으로 그 천사들과 함께 오리니 그 때에 각 사람의 행한 대로 갚으리라 ²⁸진실로 너희에게 이르노니 여기 섰는 사람 중에 죽기 전에 인자가 그 왕권을 가지고 오는 것을 볼 자들도 있느니라

베드로의 "주는 그리스도시요 살아계신 하나님의 아들이시니이다"라는 고백은 오고 오는 세대의 교회의 신앙 고백으로 자리 잡았습니다. 그러면서도 역사적으로 마태복음 16장의 구절들은 큰 논쟁을 불러왔습니다. 이 구절들에 대한 해석을 어떻게 하느냐에 따라서 로마 가톨릭과 개신교회의 교회관이 갈리고 있습니다. 로마 가톨릭에서는 이 구절들을 근거로 베드로 위에 교회가 세워졌고, 그렇기에 베드로가 최초의 교황이라고 주장합니다. 이들은 교황권이 대를 이어 전수되는 것이기에 지금의 로마 가톨릭의 교황만이 정당한 교회의 수장이라고 합니다.

반면에 개신교회는 이런 해석을 인정하지 않습니다. 베드로가 아니라 그의 고백 위에 교회가 세워졌다고 봅니다. 물론 베드로는 제자들 명단에 항상 맨 앞에 나올 만큼, 예수님께서 늘 데리고 다니실 만큼 초대교회의 수장으로서 활동할 만한 위대한 인물임은 분명합니다. 그러나 이것들로 인하여 베드로가 다른 사람들보다 더 우월한 지위를 갖는다고 말할 수는 없습니다. 누구도 그런 지위를 가질 수 없습니다. 신과 인간 사이에 서 있는 존재란 있을 수 없습니다. 베드로 개인이 교회를 떠받치고 있을 수 없습니다. 신약, 특히 복음서와 사도행전을 살펴보면 매우 인간적인 실수들로 가득 차 있는 인간 베드로를 쉽게 발견하게 됩니다. 그런 베드로를 우월하다고 주장한다면 베드로 자신을 한없이 부끄럽게 만드는 것입니다.

훌륭한 고백, 그러나 특별하지는 않은

그런데 이 두 입장이 심각한 대립을 형성하고 있는 이유는 이 구절들 탓이 아닙니다. 이런 논쟁 속에 있게 된 것은 본문의 모호성에 의한 것이 아니라 교회 조직과 관련된 정치적 입장에 의해 생긴 것입니다. 무슨 뜻이냐면, 본문이 베드로의 교황권을 인정해야 하느냐, 마느냐에 대한 내용이 아니라는 것입니다. 그런 교회 제도의 논리를 뒷받침해 주는 구절이 아닙니다.

  오히려 이 논란 때문에 이 구절의 핵심적인 내용에 대한 이해는 매우 심각하게 방해 받게 되었습니다. 그렇기에 우리는 먼저 이 부분이 무엇을 말씀하고 있는가를 찾는 것에 초점을 두고 생각해 나가야 할 것입니다.

  "주는 그리스도시요 살아계신 하나님의 아들이시니이다"라는 고백의 중요성은 아무리 강조해도 모자람이 없습니다. 하지만 지금 베드로가 대대적으로 칭송해야 할 만큼 놀랍도록 뛰어나고, 새롭고 혁신적인 내용을 말한 것은 아닙니다. 이는 전혀 새로울 것이 없습니다. 먼저 요한복음 1:34에 보면, 세례 요한이 이미 예수님을 하나님의 아들로 증거하고 있습니다. 이때는 예수님께서 본격적으로 활동을 시작하시는 초기였습니다. 여기 벌써 예수님을 하나님의 아들로 인식하는 고백들이 나타나고 있습니다. 그 시점에 나다나엘도 이렇게 고백하고 있습니다.

요1:49 나다나엘이 대답하되 랍비여 당신은 하나님의 아들이시요 당신은 이스라엘의 임금이로소이다

"이스라엘의 임금"이라는 표현은 그리스도라는 표현과 다르질 않습니다. 또한 예수님의 사역 중기, 지난 시간에 보았던 장면에서도 제자들 모두가 예수님께 절하면서 "진실로 하나님의 아들이로소이다"(마14:33)라고 고백했습니다. 또한 베드로의 신앙고백에 대해 예수님께서 인준해 주신 것에 영향을 받은 것으로 보이지만, 아무튼 마르다도 "주는 그리스도시요 세상에 오시는 하나님의 아들이신 줄 내가 믿나이다"(요11:27)라고 고백하고 있습니다.

이처럼 베드로의 고백은 훌륭한 신앙고백이기는 하지만 예수님을 따르던 자들에게는 매우 낯익은 내용이고 특별할 것이 없었습니다. 더욱이 예수님의 질문에 '너희는'이 강조되고 있기에 이 고백을 베드로 개인의 것이라고 할 수 없는 것입니다. 초등학교 교실의 어린 아이들처럼 서로 '저요, 저요' 하

며 경쟁하는 중에 베드로가 재빨리 치고 나가서 답을 한 것이 아니라 제자들 모두의 대표로서 말한 것일 뿐이라고 봐야 합니다.

그리고 이 고백으로 인해 베드로가 우월성을 확보하게 되어 교황권을 받았다고 주장할 수 없는 결정적인 내용이 있습니다.

> 눅4:41여러 사람에게서 귀신들이 나가며 소리질러 가로되 당신은 하나님의 아들이니이다 예수께서 꾸짖으사 저희의 말함을 허락지 아니하시니 이는 자기를 그리스도인줄 앎이러라
> (마8:29, 막3:11 참조)

예수님께서 그리스도시고, 하나님의 아들이시라는 사실을 귀신들이 더 먼저 알고, 더 적극적으로 이야기하려고 했다는 것을 알 수 있습니다. 이것은 베드로의 고백과는 차원이 다른 이야기이기는 하겠지만, 본문에서도 베드로가 결국 예수님께 "사단아 내 뒤로 물러가라"는 꾸중을 들었다는 것을 생

각할 때 완전히 다른 것이라고 말하기 어렵습니다. 여기서 강조하고 싶은 것은 이 고백을 했다는 것 때문에 베드로에 집중해서는 안 된다는 것입니다. 그 반대로 마태복음 16장 16절은 베드로가 이 고백을 하고도 사단이라고 꾸중 받았다는 것에 주목하고 있습니다. 이에 대해서는 뒤에서 좀 더 살펴보도록 하겠습니다.

나를 누구라 하느냐?

그렇다면 과연 "주는 그리스도시요 살아계신 하나님의 아들이시니이다"라는 고백이 서술되어 있는 문단에서 가장 중요한 것은 무엇일까요? 이는 예수님께서 던지신 두 가지 질문에서 힌트를 얻을 수 있습니다. 예수님께서는 '사람들이 나를 누구라고 하느냐?'는 것과 '너희는 나를 누구라고 하느냐?'고 물으셨습니다.

그런데 예수님께서 이 질문을 하실 때에 사람들

이 자신을 누구라고 하는지 모르셔서 민중의 심정을 알기 위해서나 제자들의 의견을 알기 위해서 이 질문을 던지신 것일까요? '애들아, 너희들은 사람들이랑 가까이 지내고 있으니 사람들이 나를 누구라고 하는지 좀 들었을 것 아니냐, 좀 소상히 사실대로 말해다오.' 이렇게 질문하신 것일까요? 아닐 것입니다. 그렇게 생각할 수 없습니다. 더 나가서 제자들에게 질문을 던지실 때에, 제자들의 눈치가 영 예수님을 잘 몰라보는 것 같아서 떠보고자 질문을 던지신 것일까요? 이것도 말이 안 됩니다.

그렇다면 예수님께서는 왜 이런 질문을 하셨을까요? 질문이란 꼭 몰라야만 하는 것은 아닙니다. 가르치는 사람의 입장에서는 이런 식으로 질문을 던짐으로써 생각을 하도록 유도하고, 이에 대한 반응이 나오면 거기에 보충하거나 수정해 주는 형식을 많이 사용하게 됩니다. 이와 같이 예수님께서도 제자들에게 가르치고자 질문이라는 형식으로 말을 거시는 것입니다.

고백이 교회를 세운다

 그럼 무엇을 가르치기 위함이었을까요? 예수님에 대해서 어떻게 생각하느냐가 현재의 위치를 결정한다는 것을 대조적으로 보여 주시고자 이 질문을 하신 것입니다. 지금 민중들이 예수님을 세례 요한, 엘리야, 예레미야 등으로 생각한다는 것은 한 가지를 말함입니다. 즉, 예수님이 그리스도도, 하나님의 아들도 아니라는 것입니다. 그렇기 때문에 이들은 지금 예수님과 함께하지 않고 있는 것입니다.

 반면에 그와는 대조적으로 베드로와 제자들은 예수님에 대해서 그리스도시며 하나님의 아들이라고 고백하고 있고, 그렇기 때문에 지금 예수님과 함께 있는 것입니다. 인식의 차이, 고백의 대조가 서로를 다른 길, 다른 위치에 서 있게 만들고 있음을 확인시켜 주신 것입니다. 이렇게 하여 이제까지 전혀 없던 새로운 공동체인 예수 그리스도의 교회의 기준을 확립하신 것입니다. 그렇기에 교회는 절대적으로 이 고백, "주는 그리스도시요 살아계신 하나님의 아들이시니이다"라는 인식 위에만 서 있어야 합니다.

물론 교회가 실체로 서는 일은 미래의 일로써 예수님의 명령을 받드는 베드로와 제자들에 의하여 시행될 것이지만, 여기서 먼저 가장 중대한 기준을 제시하심으로써 이 기준이 예수님의 교회를 만들고 세우는 작용을 하게 하신 것입니다. 이 후로 이 고백은 그리스도인 됨의 판별식이 되는 것이며, 예수님의 교회 공동체에 들어갈 수 있는 티켓이 되는 것입니다. 이처럼 베드로의 고백 단락은 베드로의 위대성이 아니라 이 고백 자체의 중요성, 교회의 교회됨과 그리스도인의 그리스도인 됨의 가장 중요한 원칙을 세우신 것이 핵심입니다.

그리스도인이라면 이 고백에 대한 논리적 연역에 근거한 사상과 삶을 살아야 합니다. 여기에서 벗어나면 아무리 십자가를 걸고, 성경을 말하고, 예수님에 대해서 이야기를 해도 교회가 아니며, 그리스도인이 아닌 것입니다. 간혹 그런 자들이 마치 똑똑한 척 하며 교회와 신학교 등에서 가르치는 경우가 있습니다. 하지만 그것이 일종의 종교학은 될 수 있을지 모르지만 교회 밖에 있는 것이며, 절대로 그리스도인이 아님을 이 본문을 통해서 확언할 수 있는 것입니다.

대형 사고를 치는 베드로

예수님께서는 교회를 세우는 초석이 되는 고백을 인준해 주신 후에 비로소 당신께서 가셔야 할 길을 가르쳐 주셨습니다. 예수님께서 이제 예루살렘에 올라가 많은 수난과 죽임 당하심, 그리고 사흘 후에 부활하실 것을 가르치셨습니다.(21절) 이 일들은 역사 가운데 가장 중요하고 가장 의미심장한 사건입니다. 이를 자신의 제자들에게 미리 말씀을 해 주신 것입니다.

이처럼 미리 말씀을 해 주신 이유는 제자들이 나서서 이런 처참한 일을 막고 예수님을 보호할 수 있는 방안을 만들라는 의미가 아니셨습니다. 이 일들에 대해 두려워서 넋두리를 하신 것도 아닙니다. 제자들이 이 일들을 만나면서 비록 그 순간에는 허우적거리더라도 할 수 있는 대로 견디며, 이 사건들을 놓치지 않아서 증인의 자리를 잃지 않게 하신 것입니다. 그래야 이 사건의 바르고 능력 있는 증언자가 될 수 있기 때문입니다.

하지만 제자들은 벌써 허우적대기 시작했습니다. 이 역사적 사실이 자신들 앞에 도래하기도 전에 이미 큰 충격에 휩싸입니다. 이들은 예수님을 따라다니면서 예수님의 메시야 되심을 점점 더 확고히 믿을 수 있게 되었습니다. 특히 오병이어의 기적과 그 뒤에 물 위를 걸어오심, 바람과 파도가 순종하여 잠잠케 되는 일들은 그 누구도 부정할 수 없을 만큼 분명한 확신을 주었습니다. 이들에게 예수님은 분명히 메시야이십니다.

그런데 그런 예수님이 죽으신다고 하십니다. 물론 부활의 말씀을 덧붙이고 계시지만 이들에겐 죽은 다음 이야기를 지금 해 봐야 도저히 감도 안 오는 이야기일 뿐입니다. 이들에게 메시야가 죽는다는 것은 생각할 수 없는 일이었습니다. 예수님이 죽으신다면 당연히 메시야가 아닌 것입니다.

이처럼 제자들이 도저히 함께 잡을 수 없는 두 사실을 받아들여야 하는 상황이 벌어진 것입니다. 그래서 용감하게 베드로가 나섰습니다. 이 부분에 대해서 좀 더 명확한 대조를 보여 주고 있는 마가복음 병행 본문을 보겠습니다.

> 막8:32 드러내놓고 이 말씀을 하시니 베드로가 예수를 붙들고 간하매 33 예수께서 돌이키사 제자들을 보시며 베드로를 꾸짖어 가라사대 사단아 내 뒤로 물러가라 네가 하나님의 일을 생각지 아니하고 도리어 사람의 일을 생각하는도다 하시고

한글 개역 성경에 '예수를 붙들고 간하매'라고 번역 되어 있기에 베드로가 예수님의 바짓가랑이를 붙잡고 애원하고 있는 것 같은 뉘앙스로 읽힙니다. 이 '간하여'로 번역된 단어 '에피티마오'는 다

음 절에 나오는 예수님께서 '베드로를 꾸짖어'의 '꾸짖어'에도 동일하게 쓰였습니다. 이 단어는 강한 충고나 행동을 통해서 어떤 사람을 저지, 좌절시키는 것을 나타내는 데 쓰였습니다. 그렇기에 예수님께서 베드로를 꾸짖으신 것이면, 베드로가 먼저 예수님을 꾸짖은 것입니다.

예수님께서 돌이키사 제자들을 보시면서 베드로를 꾸짖으셨다고 기록되어 있는데, 이는 다른 제자들과 베드로가 한통속이기 때문에 이렇게 하셨다고 봐야 할 것입니다. 감히 제자들이 선생님을 꾸짖고 있는 것입니다. 그것도 보통 관계의 선생과 제자입니까? 예수님을 자신의 주님이라고 불렀고, 방금 전에 '그리스도시요 하나님의 아들'이시라고 고백했던 자가 이렇게 돌변하였다는 것은 제정신을 가지고는 행할 수 없는 일이지요. 이는 분명 베드로 자신만이 아닌 사단의 계략과 준동이 있었던 것입니다.

사단에 매이게 되는 이유

  사단의 계략과 준동은 그냥 아무에게나 들어가서 작용하는 것이 아닙니다. 그 사람과 사단이 동일한 방향성을 가지고 나가고 있음으로 인하여 사단이 자신을 장악하도록 허락하고 있어야만 가능한 것입니다. 그렇기에 처음에는 자신의 의지인지 사단의 의지인지 전혀 느낄 수 없어서 오히려 사단의 개입을 즐거이 받아들이게 됩니다. 그러면서 자신의 인격성이 점점 사단화 되고 사단에 매여서 종국에는 사단의 의지에 장악되어 그 도구 노릇을 하게 되는 것입니다. 이것은 예수님을 팔아넘기는 가룟 유다에게서 매우 확연히 드러납니다.

  베드로의 경우에 어떤 측면에서 사단과 동일한 방향성을 가지고 나갔을까요? 예수님께서 "네가 하나님의 일을 생각지 아니하고 도리어 사람의 일을 생각하는도다"라고 꾸짖으심에서 볼 수 있습니다. 예수님의 속죄 사역을 막고자 하는 측면에서 사단과 베드로가 한 배를 타고 있다 보니 사단이 베드로 안에서 준동하여 예수님께 '이렇게 해라, 마라.' 하는 막말을 하며 꾸짖는 짓을 할 수 있던 것입니다.

베드로와 제자들은 예수님을 따라 다니면서 많은 가르침을 받고 많은 일을 보았습니다. 그렇다면 거의 3년차에 이른 이즈음에는 예수께서 수행하시는 메시야 되심의 성격, 속죄양으로서의 성격을 조금이나마 이해할 수 있었어야 했습니다. 그러나 이 부분은 도무지 자라지 못하고 도리어 헛된 꿈만 키워 가고 있었던 것입니다.

예수님이 현존하는 권력을 힘으로 전복시키고 강력한 민족적 메시야 왕국을 세울 분이라고 생각하고 있었기 때문입니다. 그리고 그 메시야 왕국이 세상 앞에 우뚝 설 때에 자신들은 그 나라의 중요한 직을 수행할 생각만 하고 있었던 것입니다.

이런 생각 속에서 예수님을 따라다녔는데, 문제는 이 분이 뭔가 좀 이해가 가질 않게 행동하셨습니다. 강력히 치고 나가야 할 때, 군중이 모여서 자신을 옹립하려고 할 때를 기회로 삼아서 나서야 했는데 번번이 그 기회를 버리던 모습을 이해할 수 없었습니다. 그런데 수난 사역에 대해 듣고서 그 답을 얻은 듯 했던 것입니다.

'아, 이 분이 메시야는 메시야인데 대단히 겁이 많구나!' 이렇게 느낀 것입니다. 고난을 받고 죽임을 당할 것이 두려워 군중을 피해 다니시고, 도망 다니신 거라 여겼고, 그래서 예수님께 '괜한 걱정 하지 마십시오. 우리가 지켜드릴 테니 걱정 마십시오. 그러니 뭐 잡혀서 고난을 당한다느니 죽는다느니 그런 이야기 좀 하지 말고 남자답고 대범하게 나선다면 훨씬 많은 사람들이 따라 붙어서 혁명이 성공할 텐데, 이렇게 겁을 내고 있으니 안 되고 있는 거 아닙니까!' 이러한 내용을 담아서 예수님을 꾸짖고 있는 것입니다.

예수님이 권력자들에게 잡혀 죽임을 당하신다는 것은 베드로와 제자들이 상상도 하기 싫은 끔찍한 사건입니다. 예수님이 거짓 메시야로 드러나게 될 뿐만 아니라 그의 메시야 운동이 실패하는 것이고,

동시에 바로 옆에서 따르던 자신들의 인생과 목숨까지도 위태로워지는 것입니다. 이것이 너무 두렵기 때문에 부활에 대한 말씀은 들리지도 않는 것입니다. 예수님께서도 제자들이 이에 대한 두려움을 가지고 있음을 아시고 "누구든지 제 목숨을 구원코자 하면 잃을 것이요 누구든지 나를 위하여 제 목숨을 잃으면 찾으리라"(마16:25) 는 말씀을 하신 것입니다.

신앙이란 자기를 부인하는 것으로 시작함

사단은 베드로와 제자들이 예수님의 말씀을 유의해서 듣지 않고 자신의 생각을 고집하고 나가고 있는 모습을 본 것입니다. 예수님께서는 자기 백성을 죄에서 구원하실 메시야라고 하시는데도, 이들은 유대인들을 중심으로 세계를 제패할 메시야 왕국을 꿈꾸며 전혀 변하려고 하지 않았습니다. 거기다 이제 그 메시야가 죽는다고 하시니, '다 같이 죽자니 이게 웬 말씀입니까?' 하는 심정을 갖게 되었고, 이것을 사단이 놓치지 않고 이용하여 예수님께 덤벼들도록 만든 것입니다. 예수님의 방식이 틀렸다고 소리치는 것입니다. 이에 예수님께서는 이 말씀을 하신 것입니다.

> 마 16:24 이에 예수께서 제자들에게 이르시되 아무든지 나를 따라 오려거든 자기를 부인하고 자기 십자가를 지고 나를 좇을 것이니라

신앙이란 자기를 부인하는 것입니다. 자기를 고집하면서는 도무지 신앙이라는 것을 가질 수 없습니다. 지금 우리는 내가 욕심내는 것을 얻는 방법을 신앙이라고 생각하는 철저히 타락한 시대를 살고 있습니다. 떼를 쓰고, 밥을 굶고, 철야를 해서라도 내가 하고 싶은 것, 내가 갖고 싶은 것을 얻어내는 것을 신앙이라고 부르고 있습니다. 이걸 위해서 기도를 하고, 헌금을 내고, 열심을 냅니다. 이는 요술램프의 요정을 부르는 것이지 결코 신앙이 아닙니

다. 할 수만 있다면 요술램프의 요정을 하나님과 바꾸고 싶어 할지 모르겠습니다.

자기를 부인하지 않으면 언제든지 '사단'으로 드러나고 맙니다. 자기를 부인함 없이는 가장 강력한 충성심을 보이고 강력한 믿음의 행위를 보였던 베드로조차도 사단의 계략에 놀아났음을 잊어선 안 됩니다. 우상 숭배와 기독교 신앙은 이것으로 딱 갈리는 것입니다. 이 세상의 모든 우상 숭배는 결국 자신과 자신의 공동체를 위한 존재로서의 신을 상정하고, 그래서 신을 달래기도 하고 이용하기도 합니다. 그러나 기독교 신앙이란 예수님의 말씀처럼 자기를 부인하고 자기 십자가를 지고 나서는 것입니다. 나를 위한 신앙이 아닙니다. 자기를 부인하는데 무슨 자기를 위하는 것이 존재하겠습니까? 자기를 부인하지 않고는 결코 바른 신앙이 될 수 없고 어느 순간에 자신이 사단의 노리개가 되고 사단에 장악당한 존재로 드러나고야 마는 것입니다.

그렇다고 자기를 부인하는 것이 사유의 능력을 버리고, 판단의 능력을 버리고, 행동의 능력을 버리라고 하시는 것이 아닙니다. 그 능력들을 예수 그리스도께서 맡기신 자기 십자가를 지는 데 목표를 두라고 하신 것입니다. 이 일에 힘을 다하면 '그 행한 대로 갚겠다'(27절)고 말씀하시며 열심히 행할 것을 독려하십니다. 그렇기에 우리는 자기를 부인하되 자신의 온 맘과 힘을 다하여 그리스도와 그의 나라를 위하여 충성을 다해야 할 것이며, 그리하면 그에 대하여 갚아 주시겠다는 약속의 성취를 맛보게 될 것입니다.

> 신앙이란 자기를 부인하는 것입니다.
> 자기를 고집하면서는 도무지 신앙이라는 것을
> 가질 수 없습니다.

4
베드로의 세 번 부인이 예언된 이유

누가복음 22장 31~38절

³¹시몬아, 시몬아, 보라 사단이 밀 까부르듯 하려고 너희를 청구하였으나 ³²그러나 내가 너를 위하여 네 믿음이 떨어지지 않기를 기도하였노니 너는 돌이킨 후에 네 형제를 굳게 하라 ³³저가 말하되 주여 내가 주와 함께 옥에도, 죽는 데도 가기를 준비하였나이다 ³⁴가라사대 베드로야 내가 네게 말하노니 오늘 닭 울기 전에 네가 세 번 나를 모른다고 부인하리라 하시니라 ³⁵저희에게 이르시되 내가 너희를 전대와 주머니와 신도 없이 보내었을 때에 부족한 것이 있더냐 가로되 없었나이다 ³⁶이르시되 이제는 전대 있는 자는 가질 것이요 주머니도 그리하고 검 없는 자는 겉옷을 팔아 살지어다 ³⁷내가 너희에게 말하노니 기록된 바 저는 불법자의 동류로 여김을 받았다 한 말이 내게 이루어져야 하리니 내게 관한 일이 이루어 감이니라 ³⁸저희가 여짜오되 주여 보소서 여기 검 둘이 있나이다 대답하시되 족하다 하시니라

마태복음 26장 31~35절

³¹때에 예수께서 제자들에게 이르시되 오늘 밤에 너희가 다 나를 버리리라 기록된 바 내가 목자를 치리니 양의 떼가 흩어지리라 하였느니라 ³²그러나 내가 살아난 후에 너희보다 먼저 갈릴리로 가리라 ³³베드로가 대답하여 가로되 다 주를 버릴지라도 나는 언제든지 버리지 않겠나이다 ³⁴예수께서 가라사대 내가 진실로 네게 이르노니 오늘밤 닭 울기 전에 네가 세 번 나를 부인하리라 ³⁵베드로가 가로되 내가 주와 함께 죽을지언정 주를 부인하지 않겠나이다 하고 모든 제자도 이와 같이 말하니라

누가복음 22장 31절~38절까지와 마태복음 26장 31절~35절은 제자들이 예수님을 버리게 될 것을 예언하시는 장면입니다. 예수님께서는 이것에 대해 책망하시기보다는 이 일이 구약에 예언된 사건이고, 그렇기에 이 일을 당할 때에 냉철할 수 있기를 바라셨습니다. 그러나 제자들은 이 순간까지도 예수님의 말씀을 듣지 않고 도리어 자신들이 예수님을 지킬 수 있는 능력이 있는 것처럼 큰 소리를 치고 있습니다. 특히 베드로는 앞장서서 충성의 다짐을 보였습니다. 하지만 예수님께서는 베드로가 자신을 세 번이나 부인하게 될 것이라고 하셨으며 그 말씀대로 이루어졌습니다. 베드로와 제자들 모두는 죽을지언정 예수님을 부인하는 짓은 하지 않겠다는 굳은 각오를 보였으나 자신들의 각오와 고백을 지켜내지 못했습니다.

기독교 신앙은 운명론인가?

이들이 자신들의 각오와 고백을 지켜내지 못한 이유는 무엇일까요? 이들이 보인 충성의 맹세가 다 진심이 아니었기 때문일까요? 저 우직해 보이는 베드로도 적당히 립 서비스를 하고 있는 것일까요? 아무리 봐도 베드로와 제자들의 충성 맹세는 거짓으로 보이지 않고 진심에서 우러나오는 것처럼 보입니다. 베드로는 예수님을 잡으러 온 자들에 맞서서 칼을 뽑아들었습니다. '큰 무리'라고 불릴 만큼 많은 숫자의 사람들이 칼과 몽둥이를 들고 왔으나 베드로는 아랑곳하지 않고 용감히 맞서 칼을 들고 휘두른 것입니다. 이런 베드로의 충성심을 아무도 의심하지 않을 것입니다.

그렇다면 하나님께서는 인간의 진심어린 각오와 다짐 같은 것은 전혀 상관없이 역사의 진행 가운데 죄를 짓도록 정하신 사람은 피할 수 없이 죄를 지어야만 하도록 하시는 것일까요? 구약에서 애굽의 바로나 예수님을 판 가룟 유다나 충성 맹세를 하고도 배신하고 만 제자들 모두 하나님께서 그렇게 정하셨기 때문에 어쩔 수 없이 한 행위들이었을까요?

그렇게 정해 놓으시고서 죄를 지었다고 벌하시는 하나님이라면 도덕적으로 심각한 문제를 제기할 만합니다. '내가 한 것이 아니라 하나님이 시킨 것이다. 그런데 왜 내가 책임을 지고 벌을 받아야 하는가?' 라는 억울함을 호소할 것입니다. 이런 것은 운명론적인 신앙이지 결코 기독교 신앙이 아닙니다. 그렇다면 우리는 다시 어려운 문제로 돌아왔습니다.

제자들은 분명히 진심어린 충성의 다짐과 맹세를 하였습니다. 그럼에도 불구하고 예수님께서는 이들이 다 예수님을 버리게 될 것이며, 특히 베드로는 예수님을 세 번이나 부인하게 될 것이라는 예언을 하셨고, 예수님의 예언대로 이들은 다 넘어졌습니다. 예수님께서는 이들의 진심을 무시하시고 자신이 하고자 하는 일을 위하여 저들이 죄를 지을 수밖에 없다고 예언하시고 죄를 짓도록 하나님과 함께 조작하신 것처럼 이해될 수 있습니다. 인간적인 눈으로 보기에는 분명히 운명론적인 사건입니다.

과연 이것은 운명론적인 사건일까요? 이것을 확

인하기 위하여 사건의 기록을 상세히 살펴보도록 하겠습니다. 이 사건에 대해 4복음서 기자들 모두가 기록하고 있습니다. 이 중에 마태와 마가는 거의 동일한 기록을 보이고 있으며, 누가는 좀 더 상세히 보고하고 있고, 요한은 다른 관점에서 기록하고 있습니다.

여기서는 누가의 기록을 중심으로 살펴보려고 합니다.

검 없는 자는 겉옷을 팔아 사라

예수님께서는 베드로와 제자들의 부인, 즉 배신을 예고하신 후에 초기 전도 여행 때의 일을 기억하도록 질문을 던지셨습니다. 제자들은 그 때에 모든 것을 하나님께서 친히 공급해 주심을 경험했습니다. 또한 이들은 예수님을 따라다니는 동안 수많은 기적들을 보았으며 예수님의 말씀을 들었습니다. 이들은 하나님의 은혜를 풍성히 맛보고 누렸던 것입니다. 그 과정을 통해서 하나님이 어떤 분이시고 예수님께서 어떤 분인지 분명히 깨닫고 확인할 수 있었습니다.

> 눅22:35 저희에게 이르시되 내가 너희를 전대와 주머니와 신도 없이 보내었을 때에 부족한 것이 있더냐 가로되 없었나이다 36이르시되 이제는 전대 있는 자는 가질 것이요 주머니도 그리하고 검 없는 자는 겉옷을 팔아 살지어다 37내가 너희에게 말하노니 기록된 바 저는 불법자의 동류로 여김을 받았다 한 말이 내게 이루어져야 하리니 내게 관한 일이 이루어 감이니라 38 저희가 여짜오되 주여 보소서 여기 검 둘이 있나이다 대답하시되 족하다 하시니라

그렇기에 이제 그 은혜의 장성함을 보여야 할 때가 된 것입니다. 이에 예수님께서는 이들에게 전대도 가지고 다니고, 주머니도 가지고 다니고, 검 없는 자는 겉옷을 팔아서 사라고 하셨습니다. 이 말씀은 제자들이 과거와 같이 모든 것을 공급 받아가며

길러냄을 받는 위치에서 벗어나 하나님의 은혜 안에서 독립 자존한 사람다운 면모를 보이라는 말씀입니다.

특히 검을 사라는 말씀은 은유적 표현을 써서 가르치신 내용으로 그냥 독립적인 인간상으로서만 서는 것으로 그치지 말고 신령한 전투를 수행해 나가는 전사다운 모습을 갖출 것을 요구하신 것입니다. 이렇게 튼튼히 서서 하나님 나라 백성이며 군사로서 어떠한 사단의 공격에라도 능히 대적하여 이기고 전진해야 할 자가 되어야 한다는 것을 가르치신 것입니다.

그런데 여기서 제자들은 이 말씀을 제대로 못 알아듣고 검 두 자루를 꺼내서 예수님께 보였습니다. 이에 대해 예수님께서 '족하다'고 말씀하셨는데, 해석상 살펴보자면 검에 대한 말씀이기보다는 예수님께서 하시던 말씀에 대한 것으로 보입니다. 즉, '내 이야기는 이걸로 끝내자. 너희들과의 대화는 이것으로 족하다.'고 하신 것입니다. 은유적으로 검 이야기를 하시자 검을 꺼내는 제자들을 보시고 말씀하시던 바를 여기서 정리하신 것입니다. 이처럼 이들은 그동안 받은 은혜로 말미암아 장성함을 보여야 할 시기에 그 마땅한 분량에 전혀 미치지 못하고 있고 도무지 예수님의 말씀을 알아듣지 못하고 있는 것입니다.

사단의 청구에 내어주심

하나님께서는 우리를 당신의 자녀라고 해서 늘 안녕 가운데서 보호해 주지는 않으십니다. 때때로 당신의 뜻을 따라 사단의 청구에 내어 주시기도 합니다. 그것을 통해서 하나님의 뜻을 이루어 가십니다. 그 대표적인 예가 바로 욥입니다. 욥을 더 고도한 인식으로 이끄시기 위하여 사단의 요구를 들어주셨습니다. 욥의 생명을 제외하고는 모든 것을 사단에게 맡겨서 고난을 당하게 하셨습니다. 결국 이것을 통하여 욥은 하나님에 대해서 훨씬 풍성한 인식과 교제에로 들어가게 되었습니다. 그렇기에 하나님께서는 때때로 사단의 요구를 들어주십니다.

지금 사단은 제자들을 밀 까부르듯 하기 위하여 청구하였습니다. 하나님께서는 이러한 사단의 요구를 들어주셨습니다.

> 눅22:31 시몬아, 시몬아, 보라 사단이 밀 까부르듯 하려고 너희를 청구하였으나 32 그러나 내가 너를 위하여 네 믿음이 떨어지지 않기를 기도하였노니 너는 돌이킨 후에 네 형제를 굳게 하라 33 저가 말하되 주여 내가 주와 함께 옥에도, 죽는 데도 가기를 준비하였나이다 34 가라사대 베드로야 내가 네게 말하노니 오늘 닭 울기 전에 네가 세 번 나를 모른다고 부인하리라 하시니라

베드로와 제자들은 신령한 영적인 검을 가지는 전사로 설 수 있을 만큼 풍성한 은혜를 흠뻑 맛보았습니다. 이들이 그 동안의 은혜를 통해서 장성해 왔다면 능히 이 사단의 공격을 막고 이길 수 있는 능력이 배양될 수 있었습니다. 그 은혜의 풍성함을 맛

보았다면 그만큼 장성했어야 하며, 그만큼 능력을 발휘해야 하는 것입니다. 그저 값없이 주어지는 공짜라는 생각으로 그 고귀한 은혜를 허비한다는 것은 크나 큰 잘못입니다.

여기서 주목해야 할 것은 사단이 너희를 청구했다는 말씀입니다. 이것은 단순히 요구했다는 것이 아닙니다. 사단이 이들을 취득했다는 것입니다. 이 말씀은 이들을 완전히 소유했다는 말이 아니라 이들을 손에 쥐고 있다는 의미입니다. 이것은 욥의 경우와는 좀 다릅니다. 욥은 죄가 없음에도 불구하고 사단이 공연히 시험한 것이지만, 지금 이 제자들에 대해서는 송사하여 취득한 것입니다.(마5:25 참조)

권력 다툼을 벌이는 제자들

이들이 송사하는 자인 사단으로부터 송사를 당하여 사단의 손아귀에 떨어지게 된 이유는 무엇일까요? 방금 살펴봤던 누가복음 내용의 바로 위 단락을 보도록 하겠습니다.

> ⁿ²²²⁴또 저희 사이에 그중 누가 크냐 하는 다툼이 난지라 ²⁵예수께서 이르시되 이방인의 임금들은 저희를 주관하며 그 집권자들은 은인이라 칭함을 받으나 ²⁶너희는 그렇지 않을지니 너희 중에 큰 자는 젊은 자와 같고 두목은 섬기는 자와 같을지니라

제자들이 누가 더 크냐는 것을 가지고 싸웠다고 기록하고 있습니다. 예수님께서는 죽음을 앞두고 계시며, 성찬의 예식을 제정하셨는데 제자들 사이에서는 자리다툼, 권력 투쟁이 일어난 것입니다. 이것이 결국 제자들을 사단의 송사에 걸려들게 만든 결정적 계기가 된 것입니다.

예수님의 제자들이 이런 권력 투쟁을 했다는 것이 놀랍고 믿기질 않습니다만, 생각해보면 너무도 당연한 이야기입니다. 이런 생각을 하지 않는 것이 오히려 성경을 실제적인 이야기가 아닌 동화책 수

준에서 보고 있다는 반증이기도 합니다. 제자들이 꿈꾸는 메시야 왕국은 세계를 힘으로 제패하여 우뚝 서는 나라입니다. 메시야이신 예수님께서 승리하시면 그 후에 그 나라를 통치해야 하고, 그러면 이러저러한 자리들에 제자들이 앉아야 할 테니 그걸 준비하는 것입니다. 제자들은 이미 오래 전부터 이 문제로 논쟁을 하고 있었습니다.

> 막9:33 가버나움에 이르러 집에 계실새 제자들에게 물으시되 너희가 노중에서 서로 토론한 것이 무엇이냐 하시되 34 저희가 잠잠하니 이는 노중에서 서로 누가 크냐하고 쟁론하였음이라 35 예수께서 앉으사 열 두 제자를 불러서 이르시되 아무든지 첫째가 되고자 하면 뭇 사람의 끝이 되며 뭇 사람을 섬기는 자가 되어야 하리라 하시고(마 18:1~14, 눅 9:46~48 참조)

그냥 이야기를 나눈 것이 아니라 쟁론을 한 것입니다. 서로가 이러 저러 하기 때문에 누가 더 높은 자리를 차지해야 한다라든지, 그렇지 않고 다른 이가 더 높은 자리를 얻어야 한다든지 하는 논박이 오고 갔던 것입니다.

이들이 이런 논쟁을 하게 된 이유는 아무래도 머지않아 예수님께서 예루살렘으로 올라가서 일전을 치르시고 나면 천국, 하나님 나라가 세워질 텐데 이 나라에서 누가 어떤 자리를 차지하게 될 것인가를 미리 정리하기 위한 것이었습니다. 이들은 아직도 앞으로 오게 될 하나님 나라, 메시야 왕국이라는 것이 세상의 여느 나라들과 같은 형태로 운영이 될 것으로 생각하고 있었던 것입니다. 그렇기에 거기서 그 영광을 따라 누릴 것을 기대하면서 높은 자리에 있으면 더 많은 권세와 부귀를 누릴 것으로 생각했던 것입니다.

그렇다면 이것은 그 동안의 공과를 따지고, 혈통을 따지고, 유능을 따져서 나름대로의 공정한 기준을 마련하여야 이 후에 분란을 막을 수 있을 것이기 때문에 지금 논쟁을 통하여 이 문제를 해결하려 했던 것입니다. 나름대로 하나님 나라를 준비하고 있는 것입니다.

그런데 이런 논의라는 것이 서로 생각하는 기준의 가치가 달랐기 때문에 제대로 합의를 도출하지 못했을 것이고, 거기서 언성이 높아졌을 수도 있고, 분위기도 싸늘해졌을 것입니다.

이 장면을 그려보면 아마도 충성도와 열심을 최고의 기준으로 놓고 볼 때에는 베드로를 중심으로 놓아야 한다는 주장이 있었을 것 같고, 예수님의 혈통이 중요하다는 주장을 하면서 요한과 야고보를 높은 자리에 앉혀야 한다는 주장도 있었을 것 같습니다. 이렇게 보는 근거는 복음서들이 이런 정황에 대해서 증언하고 있기 때문입니다. 재미있는 장면은 이 논쟁을 기록한 누가복음에 나타납니다. 여기서 유독 야고보와 요한이 설치는 모습을 보입니다.

> 눅9:53예수께서 예루살렘을 향하여 가시는 고로 저희가 받아들이지 아니하는지라 54제자 야고보와 요한이 이를 보고 가로되 주여 우리가 불을 명하여 하늘로 좇아내려 저희를 멸하라 하기를 원하시나이까 55예수께서 돌아보시며 꾸짖으시고

여기서 갑자기 야고보와 요한이 돌출행동을 하고 예수님께 꾸중을 듣습니다. 이는 큰 자 논쟁에서 베드로의 충성심에 밀려서 이를 만회하려고 한 것이 아닌가 싶습니다. 충성 경쟁을 하려다가 도리어 점수를 까먹은 것으로 보입니다. 더 놀라운 것은 이들이 이런 충성 경쟁에서 밀리는 듯 느끼고서는 마지막 카드를 꺼냈다는 것입니다. 자신들의 어머니를 앞세워 예수님께 청탁을 넣었습니다.

> 마20:20 그 때에 세베대의 아들의 어미가 그 아들들을 데리고 예수께 와서 절하며 무엇을 구하니 21예수께서 가라사대 무엇을 원하느뇨 가로되 이 나의 두 아들을 주의 나라에서 하나는 주의 우편에, 하나는 주의 좌편에 앉게 명하소서

이 어머니는 살로메로서 예수님의 어머니의 여동생, 그러니까 예수님의 이모입니다. 이 관계를 앞세워서 자리 청탁을 한 것입니다. 충성 경쟁에서 밀리자 이런 야비한 짓을 하고 있습니다. 이 일로 다시

한 번 제자들 사이에 분란이 일어났습니다.

그것이 바로 예수님께서 잡히시던 밤에 일어난 다툼입니다.

죽음을 앞에 두고 마지막 유언을 하고 계셨는데, 그 앞에서 유산 싸움을 하고 있는 격입니다. 이처럼 베드로와 제자들이 시험에 들게 된 이유는 분명히 자기 자신들에게 있습니다. 그 중에서 베드로가 세 번 부인하게 되는 등 주요 목표가 된 이유는 이런 큰 자 논쟁들에서 베드로가 늘 승리했기 때문이 아닌가 싶습니다. 베드로가 맨 앞에 선 자고, 그렇기에 사단의 중요 공격 대상이 된 것이라고 생각할 수 있습니다.

자신들이 은혜를 따라서 장성해야 할 때에 그 풍성한 은혜를 모두 헛되이 허비하였고, 예수님의 말씀을 주의 깊게 듣지 않았으며, 자신들이 가지고 있던 메시야 왕국에 대한 관념 안에서 세상의 권력과 같은 욕망을 탐했습니다. 하나님과 예수님께서 운명론으로 딱 정해 놓고 그대로 되도록 옴짝달싹 못하게 하신 것이 결코 아닙니다.

오히려 예수님께서는 이처럼 사단의 송사에 제대로 걸려 든 베드로를 위하여 기도하여서 믿음이 완전히 떨어지지 않도록 하셨습니다. 돌이킨 후에 형제들을 굳건케 하는 사명을 수여하심으로써 베드로를 붙잡아 주신 것입니다. 이 일에 베드로는 쓰여야 하기 때문에 믿음이 완전히 떨어지면 안 되는 것으로 명분을 만드신 것입니다.

이렇게 베드로가 예수님을 부인할 것이 예고되는 장면을 보고 있으면 잘 납득이 가질 않는 또 하나의 장면이 있습니다. 예수님께서 베드로에게 "시험에 들지 않도록 깨어 기도하라"고 하신 장면입니다. 이미 베드로가 예수님을 부인할 것이라고 예언하셨는데 여기서 깨어 기도하면 예수님을 부인하지 않을 수 있게 될까? 그러면 예수님은 틀린 예언을 하시는 것이 되는데 이것은 문제가 없을까?라는 의문이 일어납니다. 예수님께서는 "시험에 들지 않도록 깨어 기도하라"고 하시면서 동시에 절대로 그런 일은 없을 것이지만 말로나 한 번 생색내신 것인가? 아니면 베드로가 시험에 들지만 않는다면 예수님의 예언은 틀려도 괜찮다고 생각하셨을까?

그렇기에 예수님께서 "시험에 들지 않도록 깨어 기도하라"고 하신 말씀은 베드로가 예수님을 세 번 부인하게 되는 일을 말씀하신 것이 아니라고 보아야 합니다. 세 번 부인하는 일은 이미 결정된 일입니다. 베드로는 그 실패의 경험을 통해서 형제를 굳건케 하는 사명을 이미 내려주셨습니다. 그렇다면 이 말씀은 무엇일까요? 그것은 예수님을 부인하는 실패 다음에 빠지게 될 시험을 말씀하신 것입니다. 실제로 베드로는 부활하신 예수님을 당일에 만나 뵙고서도 다시 고기잡이로 돌아가려고 했습니다. 그래서 예수님께서 베드로에게 "내 양을 먹이라"고 사명을 일깨워 주셔야만 했습니다. 예수님의 양은 베드로의 형제입니다.

사명은 우리를 구원하시는 도구

베드로와 제자들이 예수님을 버린 장면을 살펴보

았습니다. 자신들의 의지와 잘못으로 인하여 넘어진 베드로와 제자들. 그러나 우리 주님께서는 자신의 힘을 믿고, 자신의 의지를 믿다가 넘어지는 자들이라도 불쌍히 여겨주십니다. 자신이 아무리 이를 악물고 용기를 낸다고 하여도 역사의 진행 속에서는 아무 것도 아닌 것입니다. 역사의 진행 속에서 한 개인이나 집단은 극히 미약한 존재일 뿐입니다. 그 속에서 자신이 진심을 다하였고, 힘을 다하였다는 것이 무슨 능력을 가질 수 있겠습니까? 산사태 앞에 서 있는 개미 한 마리에 불과한 것입니다. 그냥 쓸려갈 뿐입니다. 그것을 깨닫고 인정하지 못하고 자신이 뭔가 대단한 힘과 의지를 가지고 있다고 믿는 것이야말로 심각한 어리석음이며 교만인 것입니다.

또한 베드로와 제자들은 그 풍성한 은혜를 허비하여 예수님의 말씀을 알아듣지도 못하는 수준에 이르렀습니다. 그리하여 하나님 나라의 전사로서 당당히 서야 하는데 전혀 준비가 되지 못했습니다. 그래서 결국 사단이 밀 까부르듯 하는 것을 적절히 대적하고 저항하지 못하고 당하고 말았습니다. 그리스도인들은 하나님께서 은혜를 풍성히 주심을 경험하게 됩니다. 그런데 이에 따라서 그 분량대로 장성해 나가지 않는다면 본문의 베드로와 제자들처럼 조만간 사단의 송사와 함께 큰 어려움에 봉착하게 될 것입니다.

그러나 그리스도인들이 위로를 얻게 되는 것은 제자들이 이처럼 형편없이 넘어졌음에도 불구하고 우리 주님께서는 결코 포기하지 않으신다는 것입니다. 그 시점에서까지 새로운 사명을 주심으로써 붙잡아 주시는 것입니다.

> 눅22:32 그러나 내가 너를 위하여 네 믿음이 떨어지지 않기를 기도하였노니 너는 돌이킨 후에 네 형제를 굳게 하라

예수님의 기도로 얻어진 명분이요, 사명입니다. 즉, 베드로에게 주신 사명의 말씀 "너는 돌이킨 후에 네 형제를 굳게 하라"는 예수님의 기도의 내용

인 것입니다. 예수님께서는 '베드로가 형제들을 굳게 하는 일을 해야 하니 믿음이 완전히 떨어지지 않게 하소서'라고 기도하신 것입니다.

우리가 예수님께로부터 받게 되는 사명의 본질이 바로 이것입니다. 예수님께 필요해서가 아니라, 예수님께 필요한 존재로 만드시고자 주시는 것이 사명입니다. 하나님 나라에 우리의 자리를 마련하시는 것입니다. 예수님께서 다하셔도 되고, 하나님께서 천사들을 통해서 하셔도 될 일을 우리에게 맡기신 것입니다. 하나님 나라의 고용창출, 그것이 사명입니다. 그렇기에 사명은 우리가 예수님께, 하나님께 뭘 해드리는 것이 아니라 반대로 예수님의 우리를 향한 열심이며 사랑인 것입니다.

> 예수님께 필요해서가 아니라,
> 예수님께 필요한 존재로 만드시고자
> 주시는 것이 사명입니다.

5

예수님께서 두려워하신 것과 베드로가 두려워한 것

마태복음 26장 57~75절

⁵⁷예수를 잡은 자들이 끌고 대제사장 가야바에게로 가니 거기 서기관과 장로들이 모여 있더라 ⁵⁸베드로가 멀찍이 예수를 좇아 대제사장의 집 뜰에까지 가서 그 결국을 보려고 안에 들어가 하속들과 함께 앉았더라 ⁵⁹대제사장들과 온 공회가 예수를 죽이려고 그를 칠 거짓 증거를 찾으매 ⁶⁰거짓 증인이 많이 왔으나 얻지 못하더니 후에 두 사람이 와서 ⁶¹가로되 이 사람의 말이 내가 하나님의 성전을 헐고 사흘에 지을 수 있다 하더라 하니 ⁶²대제사장이 일어서서 예수께 묻되 아무 대답도 없느냐 이 사람들의 너를 치는 증거가 어떠하뇨 하되 ⁶³예수께서 잠잠하시거늘 대제사장이 가로되 내가 너로 살아 계신 하나님께 맹세하게 하노니 네가 하나님의 아들 그리스도인지 우리에게 말하라 ⁶⁴예수께서 가라사대 네가 말하였느니라 그러나 내가 너희에게 이르노니 이 후에 인자가 권능의 우편에 앉은 것과 하늘 구름을 타고 오는 것을 너희가 보리라 하시니 ⁶⁵이에 대제사장이 자기 옷을 찢으며 가로되 저가 참람한 말을 하였으니 어찌 더 증인을 요구하리요 보라 너희가 지금 이 참람한 말을 들었도다 ⁶⁶생각이 어떠하뇨 대답하여 가로되 저는 사형에 해당하니라 하고 ⁶⁷이에 예수의 얼굴에 침 뱉으며 주먹으로 치고 혹은 손바닥으로 때리며 ⁶⁸가로되 그리스도야 우리에게 선지자 노릇을 하라 너를 친 자가 누구냐 하더라 ⁶⁹베드로가 바깥 뜰에 앉았더니 한 비자가 나아와 가로되 너도 갈릴리 사람 예수와 함께 있었도다 하거늘 ⁷⁰베드로가 모든 사람 앞에서 부인하여 가로되 나는 네 말하는 것이 무엇인지 알지 못하겠노라 하며 ⁷¹앞문까지 나아가니 다른 비자가 저를 보고 거기 있는 사람들에게 말하되 이 사람은 나사렛 예수와 함께 있었도다 하매 ⁷²베드로가 맹세하고 또 부인하여 가로되 내가 그 사람을 알지 못하노라 하더라 ⁷³조금 후에 곁에 섰던 사람들이 나아와 베드로에게 이르되 너도 진실로 그 당이라 네 말소리가 너를 표명한다 하거늘 ⁷⁴저가 저주하며 맹세하여 가로되 내가 그 사람을 알지 못하노라 하니 닭이 곧 울더라 ⁷⁵이에 베드로가 예수의 말씀에 닭 울기 전에 네가 세 번 나를 부인하리라 하심이 생각나서 밖에 나가서 심히 통곡하니라

예수님께서 두려워하신 것

겟세마네 동산에서의 기도는 많은 그리스도인들과 신학자들을 당혹스럽게 만듭니다. 세상에서 큰 뜻을 세운 사람조차도 그 뜻을 위한 죽음 앞에서 당당하고도 초연한 모습을 보이는데, 인류를 구원하러 오신 예수님께서 죽음 앞에 두려워 하셨다는 것을 어떻게 이해해야 할지 당황스러운 것입니다.

하지만 예수님께서는 죽음을 두려워하신 것이 아닙니다. 진정으로 두려워하신 것은 자신이 하나님과 동등됨을 취할 능력이 있다는 사실이었습니다. 예수님께서는 겟세마네 기도를 통하여 하나님과 동등됨을 취하지 않으시고 아들로서 성부 하나님의 명령에 철저히 순종하셨습니다. 모든 사역이 예수님 자신의 자발적인 행위와 그에 따른 공로가 아니라 오직 하나님의 계획이시고 명령이시며, 자신은 그 명령에 순종할 뿐임을 분명히 하신 것입니다. 그리하여 모든 공로를 하나님께 돌린 것입니다.

그 후로 예수님께서는 하나님의 명령에 적극적으로 순종하기 위하여 노력하셨습니다. 명령에 순종하기 위하여서는 다가올 죽음의 위협도 피하지 않으셨습니다. 도리어 아주 적극적으로 이 모든 상황을 맞이하시는 예수님의 모습을 볼 수 있습니다. 체포당하시는 장면에서도 자신을 먼저 적극적으로 드러내십니다.

이 장면의 요한복음 기록을 보면, 예수님께서 "너희가 누구를 찾느냐?"고 물으셨고, 그들이 나사렛 예수를 찾고 있다고 합니다. 이에 예수님께서 "내가 그니라"라고 대답하시자 무리들이 뒷걸음질 치면서 땅에 엎드러져 버립니다. 그래서 예수님께서 다시 한 번 "누구를 찾느냐?"고 물으시며 그들이 여기에 온 목적을 잃지 않도록 각성시키십니다. 그리곤 그들이 다시 나사렛 예수를 찾고 있다고 하니 '내가 그다. 그러니 이 사람들(제자들)이 가는 것을 용납하라'고 하신 것으로 기록하고 있습니다. 아마도 유다는 그 후에 예수님께 나와서 입맞춤을 한 듯합니다(요18:5~11참조).

그리고 이들이 예수님을 묶으려고 할 때 베드로가 칼을 휘둘러서 말고의 귀를 자릅니다. 그들이 준비해 놓았던 칼 두 자루 중에 한 자루를 베드로가 가지고 있었던 모양입니다. 그러면 한 자루는 어디 있을까요? 누가복음에 "좌우가 그 될 일을 보고 여짜오되 우리가 검으로 치리이까"(눅22:49)라고 한 것을 보면 베드로와 필적할 만한 충성을 보이는 또 한 제자가 베드로와 함께 칼 한 자루씩을 들고 예수님을 호위하고 있던 것 같습니다. 아마도 여러 가지 복음서의 정황을 볼 때에 야고보가 아닐까 싶습니다.

이에 예수님께서 베드로를 꾸중하시고 말고의 귀를 만져서 낫게 하셨습니다. 그리곤 군병들에게 잡히십니다. 이처럼 예수님께서 할 수 없이 잡히신 것이 아니고 저들이 못 잡아 갈까봐 저들을 돕고 계신 것입니다.

그리고 이런 적극성은 마태복음 26:57~75에서도 계속 이어지고 있습니다.

재판 받으시는 예수님

마태복음 26:57~75은 예수님께서 대제사장 가야바에게 심문 당하시는 장면과 그 장면을 사람들 틈에 끼여 지켜보고 있던 베드로가 부인하는 장면입니다.

내용을 보면 예수님께서 곧장 가야바와 장로들이 모여 있는 공회로 끌려오시고 그 자리에서 심문을 당하신 것으로 되어 있습니다. 그러나 당시 유대법상 사형 재판은 밤에 열지 못하게 되어 있었습니다. 그리고 요한복음에서 동일한 부분을 보면 대제사장 가야바나 공회로 먼저 끌려가신 것이 아니라 가야바의 장인인 안나스에게 먼저 끌려가서 심문을 받으신 것으로 되어 있습니다. 거기서 날이 밝을 때까지 몇 시간을 비공식적인 심문을 받으셨습니다. 그런 후에 날이 밝자마자 대제사장 가야바와 장로들이 모인 공회에서 공식 재판을 받으신 것입니다.

이 과정 중에 많은 거짓 증인들이 나타났습니다.

그런데 서로의 증언들이 제대로 맞질 않아서 이렇다 할 결정적인 죄목을 찾지 못하고 있었습니다. 그러다가 가장 근접하고 중요한 증언이 두 사람에게서 나왔습니다.

> 마 26:59 대제사장들과 온 공회가 예수를 죽이려고 그를 칠 거짓 증거를 찾으매 60거짓 증인이 많이 왔으나 얻지 못하더니 후에 두 사람이 와서 가로되 이 사람의 말이 내가 하나님의 성전을 헐고 사흘에 지을 수 있다 하더라 하니

이것은 두 사람이 일치하는 증언을 하였기에 증거로 채택될 수 있었습니다. 그런데 이 증언조차도 사실상은 잘못된 것입니다. 예수님께서는 자신이 성전을 허물겠다고 하신 적이 없습니다.

요한복음 2:19절을 보면, 예수께서 대답하여 가라사대 너희가 이 성전을 헐라 내가 사흘 동안에 일으키리라 라고 하셨을 뿐입니다. 그런데도 이 증인들은 잘못 이해하고 이런 증언을 하고 있습니다.

사형 언도를 받기 위해 노력하심

어찌 되었든지 두 증인의 일치하는 증언이 나오자 가야바는 예수님께 직접 물어 보았습니다. 하지만 예수님께서는 대답을 하지 않으셨습니다. 대제사장은 더 이상 간접적인 증인들에 대한 심문을 멈추고 직접 추궁하기 시작했습니다. 사실상 두 증인을 찾았다고 하더라도 유죄를 확정하기는 어려웠기 때문입니다. 그렇기에 예수님을 옭아매기 위하여 좀 더 결정적인 내용이 필요했을 것입니다.

> 마 26:63 예수께서 잠잠하시거늘 대제사장이 가로되 내가 너로 살아 계신 하나님께 맹세하게 하노니 네가 하나님의 아들 그리스도인지 우리에게 말하라 64 예수께서 가라사대 네가 말하였느니라 그러나 내가 너희에게 이르노니 이 후에 인자가 권능의 우편에 앉은 것과 하늘 구름을 타고 오는 것을 너희가 보리라 하시니

이런 의도를 가지고 던진 질문에 대해 예수님께서는 순순히 대답을 해주셨습니다. 이는 그들이 기대하던 바로 그 대답이었습니다. 대제사장과 공회원들은 기다렸다는 듯이 옷을 찢으면서 사형 판결을 내립니다.

　이 장면에서도 예수님께서 적극적으로 십자가의 길로 가고 계시다는 것을 확인하게 됩니다. 거짓 증인들과 불충분한 증언들로 인하여 갈피를 잡지 못하고 허둥대던 공회는 예수님의 이 말씀에 근거하여 사형을 언도합니다. 만일 예수님께서 계속 말씀을 하지 않으셨다면 이렇게 빨리 사형 판결을 내릴 수 없었고, 사태는 어떻게 흘러갈지 모를 일입니다. 그렇기에 예수님께서는 자신이 정하신 십자가의 길을 걷기 위하여 그들의 재판을 돕고 계신 것입니다.

　그들은 자신들이 예수님을 메시야로 믿지 않음을 확인하고 드러내기 위하여 예수님의 눈을 가리고 침을 뱉고 주먹으로 때립니다. 이렇게 하면서 예수님께 선지자 노릇을 해보라고 조롱했습니다. 예수님이 메시야라면 이러한 조롱을 받을 리 없고, 이런 폭력과 모욕을 행한 자에게 즉시로 응당한 처벌이 시행될 것이지만 예수님은 거짓 메시야이기 때문에 이 모든 폭력과 모욕을 당하고만 있다고 생각하는 것입니다.

  예수님은 이러한 과정을 하나도 거부하지 않으시고 묵묵히 자신의 사명의 길을 걷기만 하셨습니다. 모든 모욕과 고난을 받으시고 고통을 참으시며 오직 성부 하나님께서 명하신 길에 순종하는 데 온 힘을 집중하셨습니다. 자신 안에 있는 힘을 쓰지 않으시기 위해 애쓰고 계신 것입니다. 십자가 위에서 '다 이루었다'라고 하실 때까지, 마지막 숨을 거두실 때까지 한시도 늦출 수 없는 긴장 속에 계시며, 전력을 다하여 이 길을 걸으며, 이 일이 진행되도록 노력하고 계신 것입니다. 이 유월절 어린양이 되시기 위해서 이번에 꼭 죽으시겠다는 집념을 보이고 계십니다.

죽음의 두려움 속에 예수님을 부인하는 베드로

반면에 베드로는 이러한 예수님과 대조되는 모습을 보여주고 있습니다. 베드로는 또 다른 제자와 함께 멀찍이 따라가다가 예수님께서 잡히신 대제사장의 집으로 갔습니다. 함께 간 다른 제자는 대제사장 집에 아는 사람이 있어서 먼저 들어가고 나중에 문 밖에 있던 베드로를 데리고 들어왔습니다. 거기서 문을 지키던 여종이 베드로를 알아보았고 결국 베드로는 예언대로 예수님을 부인하게 되었습니다. 처음에는 단순히 '나는 네 말하는 것이 무엇인지 모른다'고 부인합니다. 그런데 두 번째 부인은 좀 더 심각하게 '맹세'를 하고 부인합니다. 마지막으로 세 번째에는 예수님을 저주하면서 부인했습니다. 그 후에 닭이 울었습니다.

> 눅22:61 주께서 베드로를 보시니 베드로가 주의 말씀 곧 오늘 닭 울기 전에 네가 세 번 나를 부인하리라 하심이 생각나서

⁶²밖에 나가서 심히 통곡하니라

  이처럼 그 순간에 예수님께서 베드로를 보셨습니다. 이는 두려움 속에서 예수님을 부인하던 베드로에게 큰 충격이 되었고 예수님의 말씀이 생각나게 만들었습니다. 본문 속에서 예수님께서는 죽음의 운명 앞에서 의연하고도 당당하게 대처하고 계신데, 베드로는 겨우 여종 앞에서 무너지는 모습을 보이면서 대조를 이루고 있습니다. 죽음을 불사하겠다던 베드로의 호언장담이 한 순간에 무너져 버린 것입니다. 죽음의 현실이 닥치자 두려움으로 인하여 예수님을 부인하게 된 것입니다.

  베드로는 죽음을 각오했다고 했지만 그것은 현실에 대한 실제적인 이해에 기인한 것이 아니었던 것입니다. 예수님께서 죽으신다는 것이 무슨 의미인지도 잘 모르고, 어떤 방식으로 그런 일이 일어날 것인지에 대해서조차 잘 알지 못하였기 때문에 막연히 감정적으로 한 말일 뿐이었습니다. 아마도 자신이 수제자로서 그런 충성심을 보여야만 하겠다는 인간적인 신의를 바탕으로 한 말이고 각오였을 것입니다. 물론 베드로의 각오가 거짓이었다는 것은 아닙니다. 베드로는 예수님께서 죽으시겠다는 말씀을 듣는 그 순간 그의 온 마음을 다하여 그렇게 고백하고 약속한 것입니다. 그러나 그랬다고 해서 그 고백과 약속을 지킬 수 있는 것은 아닙니다.

베드로에게는 예수님께서 죽으신다는 사실과 그 의미에 대한 이해가 조금도 없었습니다. 그렇기에 예수님께서 어떻게 죽으실 것인지에 대해서만 몰랐던 것이 아니고 예수님께서 죽으실 때에 자신은 왜 거기서 함께 죽어야만 하는지에 대한 이해와 인식도 전혀 없었습니다.

예수님은 인류를 위하여 죽으시는데, 자신은 그런 예수님의 죽으심과 무슨 연관성이 있어서 함께 죽는다는 것인지 도통 이해할 수 없습니다. 자신이 예수님의 죽음의 사역을 나눠서 질 수 있는 것도 아닌데 왜 예수님께서 죽으시는데 함께 죽어야 하는지에 대한 고찰이 없었던 것입니다. 하나님 나라의 일꾼으로서 어떤 경우에 자신의 죽음이 요구되는

지에 대해 아무런 생각이 없는 것입니다. 그저 스승인 예수님께서 죽으신다니까 자기도 따라 죽겠다는 식의 감정적 태도 이외에 아무 것도 아니었음을 알 수 있습니다.

베드로를 알아본 여종은 소원의 응답

그럼에도 불구하고 그것은 베드로의 소원이며 약속이기 때문에 베드로에게는 기회가 주어졌습니다. 베드로는 예수님과 함께 잡혀서 죽을 수 있는 기회가 주어졌습니다. 물론 예수께 주신 자 중에서 하나도 잃지 아니하신다는(요18:8) 말씀대로 베드로는 구원될 것입니다만, 베드로는 자신의 약속에 충실할 수 있게 된 것입니다. 그렇기에 그 자리에서 베드로를 알아 본 사람들은 베드로의 기도의 응답입니다. 하지만 베드로는 그의 고백과 약속을 버리고 살길을 찾게 됩니다. 죽음을 각오했다고 하나 현실에 대한 깊은 이해와 하나님 나라 백성으로서의 사명에 대한 인식이 없이는 그 길을 갈 수 없는 것입니다.

이러한 베드로의 모습은 오늘날 우리에게도 큰 교훈을 줍니다. 많은 기독교인들이 자신의 삶을 하나님께 드렸다는 말을 합니다. 그런데 그것이 무엇을 의미하는지 제대로 깨닫고 그렇게 말하는 사람은 별로 없는 것 같습니다. 하나님께서 그러한 나를 예쁘게 봐주시고 잘 먹고 잘 살고 형통한 길을 주시기를 원하는 경우가 많습니다. 내가 나를 주께 드린다고 하면 주께서 나를 쓰시는 것입니다. 하지만 그 쓰시는 방법과 용도를 내가 정할 수 있는 것이 아닙니다.

내가 죽도록 충성하겠다고 기도하면 하나님께서는 나를 죽도록 쓰시는 것입니다. 내가 죽도록 충성하겠다고 기도했으니깐 하나님께서 예쁘게 보시고 잘 먹고 잘 살게 해주신다는 식의 생각은 참으로 어리석고 유치한 것입니다. 물론 하나님께 죽음으로 쓰임 받는 사람은 그리 많지 않습니다. 그렇기에 아무리 우리 중에 죽도록 충성하겠다고 소원을 아뢴다고 하더라도 그렇게 순교자로 써주시지도 않습니다.

하지만 우리가 마구 잡이로 기도한 내용들이 고소자인 사단에게 송사할 빌미가 되어 우리를 시험에 넘어지게 만들 수 있다는 것을 알아야 합니다.

신앙을 마구잡이식 충성 경쟁이나 무념 경쟁으로 생각하는 이들이 많습니다. 우리의 신앙은 절대 그런 것이 아닙니다. 우리에게는 계시로서의 성경이 있습니다. 이 성경은 고도한 인격자의 말씀입니다. 그렇기에 이 말씀을 듣고 그 말씀하시는 내용이 무엇인지 알기 위한 고도의 노력이 있어야 합니다. 어느 하나를 쑥 내민다고 좋은 신앙이나 믿음이 되는 것이 아닙니다. 전 인격적으로 균형감을 잃지 않으면서 하나님의 말씀인 성경에 대한 깊은 이해를 도모해야 하며, 그것이 어떻게 하나님의 말씀으로 내 삶에 역사하시는가에 대해서 배우고 깨달아 가야 합니다.

그렇지 않으면 하나님의 말씀을 무슨 종교적 법문이나 규율, 더 심하게는 '수리수리 마수리' 같은 식의 주문 정도로 여기게 됩니다. 그렇게 해서는 베드로처럼 죽음을 장담하였다고 할지라도 도저히 이것을 감당할 능력 없음이 드러나고 마는 것입니다.

> 베드로는 예수님께서 죽으시겠다는 말씀을 듣는 그 순간
> 그의 온 마음을 다하여 함께 죽겠다고 약속한 것입니다.
> 그러나 그런다고해서 그 고백과 약속을 지킬 수 있는 것은 아닙니다.

6
네 믿음이
떨어지지 않도록
기도하였노니

요한복음 21장 1~19절

¹그 후에 예수께서 디베랴 바다에서 또 제자들에게 자기를 나타내셨으니 나타내신 일이 이러하니라 ²시몬 베드로와 디두모라 하는 도마와 갈릴리 가나 사람 나다나엘과 세베대의 아들들과 또 다른 제자 둘이 함께 있더니 ³시몬 베드로가 나는 물고기 잡으러 가노라 하매 저희가 우리도 함께 가겠다 하고 나가서 배에 올랐으나 이 밤에 아무것도 잡지 못하였더니 ⁴날이 새어갈 때에 예수께서 바닷가에 서셨으나 제자들이 예수신 줄 알지 못하는지라 ⁵예수께서 이르시되 애들아 너희에게 고기가 있느냐 대답하되 없나이다 ⁶가라사대 그물을 배 오른편에 던지라 그리하면 얻으리라 하신대 이에 던졌더니 고기가 많아 그물을 들 수 없더라 ⁷예수의 사랑하시는 그 제자가 베드로에게 이르되 주시라 하니 시몬 베드로가 벗고 있다가 주라 하는 말을 듣고 겉옷을 두른 후에 바다로 뛰어 내리더라 ⁸다른 제자들은 육지에서 상거가 불과 한 오십 간쯤 되므로 작은 배를 타고 고기 든 그물을 끌고 와서 ⁹육지에 올라 보니 숯불이 있는데 그 위에 생선이 놓였고 떡도 있더라 ¹⁰예수께서 가라사대 지금 잡은 생선을 좀 가져오라 하신대 ¹¹시몬 베드로가 올라가서 그물을 육지에 끌어올리니 가득히 찬 큰 고기가 일백쉰세 마리라 이같이 많으나 그물이 찢어지지 아니하였더라 ¹²예수께서 가라사대 와서 조반을 먹으라 하시니 제자들이 주신 줄 아는 고로 당신이 누구냐 감히 묻는 자가 없더라 ¹³예수께서 가셔서 떡을 가져다가 저희에게 주시고 생선도 그와 같이 하시니라 ¹⁴이것은 예수께서 죽은 자 가운데서 살아나신 후에 세 번째로 제자들에게 나타나신 것이라 ¹⁵저희가 조반 먹은 후에 예수께서 시몬 베드로에게 이르시되 요한의 아들 시몬아 네가 이 사람들보다 나를 더 사랑하느냐 하시니 가로되 주여 그러하외다 내가 주를 사랑하는 줄 주께서 아시나이다 가라사대 내 어린 양을 먹이라 하시고 ¹⁶또 두 번째 가라사대 요한의 아들 시몬아 네가 나를 사랑하느냐 하시니 가로되 주여 그러하외다 내가 주를 사랑하는 줄 주께서 아시나이다 가라사대 내 양을 치라 하시고 ¹⁷세 번째 가라사대 요한의 아들 시몬아 네가 나를 사랑하느냐 하시니 주께서 세 번째 네가 나를 사랑하느냐 하시므로 베드로가 근심하여 가로되 주여 모든 것을 아시오매 내가 주를 사랑하는 줄을 주께서 아시나이다 예수께서 가라사대 내 양을 먹이라 ¹⁸내가 진실로 진실로 네게 이르노니 젊어서는 네가 스스로 띠 띠고 원하는 곳으로 다녔거니와 늙어서는 네 팔을 벌리리니 남이 네게 띠 띠우고 원치 아니하는 곳으로 데려가리라 ¹⁹이 말씀을 하심은 베드로가 어떠한 죽음으로 하나님께 영광을 돌릴 것을 가리키심이러라 이 말씀을 하시고 베드로에게 이르시되 나를 따르라 하시니

고기 잡으러 가자

　요한복음 21장 3절에 보면 베드로가 "나는 물고기 잡으러 가노라" 하매 제자들도 "우리도 함께 가겠다"고 하면서 따라간 것을 보게 됩니다. 이렇게 베드로와 제자들이 물고기 잡으러 간 것에 대해서 다음의 두 가지 전혀 다른 입장의 해석이 가능하고 많은 학자들이 이 두 가지 중 하나를 선택하고 있습니다. 첫 번째는 베드로와 제자들이 영적으로 어느 정도 타락해서 예수님을 증거하는 제자로서의 일을 버리고 자기 생업을 위해서 돌아갔다고 보는 해석입니다. 두 번째는 예수님께서 나타나시길 기다리면서 시간이 남아서 게으르지 않기 위해 소일거리로 물고기를 잡으러 나갔다고 보는 해석입니다.

　과연 어느 것이 정당한 해석이겠습니까? 이에 대한 이해를 위해 일단 정황을 살펴보아야 할 것입니다. 14절에 보면 제자들은 이날 이전에 예수님을 두 번이나 함께 뵌 적이 있음을 알 수 있습니다. 베드로는 예수님께서 제자들을 만나기 전에 따로 만나셨다는 것을 여러 기록을 통해서 알 수 있습니다. 그렇기 때문에 이들이 다시 타락하여서 자신의 생업으로 돌아간다는 것은 거의 있을 수 없는 일입니다. 예수님께서 분명히 돌아가셨는데 다시 살아나셨고, 자신들과 만나 자신의 육체를 내보이시면서 자신의 존재를, 부활하셨음을 확인시켜 주셨습니다. 도마의 경우에는 첫 번째 예수님께서 나타나셨을 때에 자리에 없어서 뵙지 못하여 믿지 못하고 있었는데, 두 번째 예수님께서 나타나셔서 직접 자신을 만져보라고 하시며 아주 분명하고 적극적으로 확인시켜 주셨습니다.

그렇기 때문에 예수님의 부활하심에 대해서 의심할 수 없었습니다. 예수님께서 부활하셨고, 그분이 메시야이시며, 하나님이심을 아주 분명하게, 예수님의 공생애를 따라다닐 때보다도 더욱 확고하게 깨닫게 된 지금 타락해서 자신들의 생업으로 돌아간다는 것은 전혀 가능하지 않아 보입니다.

그렇다고 해서 제자들이 시간이 남아 시간의 무

료함을 달래거나 게으르지 않기 위해서 물고기를 잡으러 갔을 것이라는 해석도 뭔가 석연치 않습니다. 이는 제자들을 너무 옹호하려는 태도에서 나온 해석이라고 보입니다. 베드로와 제자들이 자신들의 사명을 분명히 안다면 지금 물고기 잡으러 갈 시간이 어디 있겠습니까? 예수님께서 제자들에게 첫 번째로 나타나신 상황을 기록한 곳을 보겠습니다.

> 요 20:19 이 날 곧 안식 후 첫날 저녁 때에 제자들이 유대인들을 두려워하여 모인 곳에 문들을 닫았더니 예수께서 오사 가운데 서서 가라사대 너희에게 평강이 있을지어다 20 이 말씀을 하시고 손과 옆구리를 보이시니 제자들이 주를 보고 기뻐하더라 21 예수께서 또 가라사대 너희에게 평강이 있을지어다 아버지께서 나를 보내신 것 같이 나도 너희를 보내노라 22 이 말씀을 하시고 저희를 향하사 숨을 내쉬며 가라사대 성령을 받으라 23 너희가 뉘 죄든지 사하면 사하여 질 것이요 뉘 죄든지 그대로 두면 그대로 있으리라 하시니라

여기서 살펴볼 수 있듯이 예수님께서 제자들 앞에 나타나셔서 이들에게 사역을 맡기고 계십니다. 예수님의 부활을 분명하게 확인시키시고는 제자들에게 "아버지께서 나를 보내신 것 같이 나도 너희를 보내노라"고 아주 분명하게 파송을 명하시고 계십니다. 부활하신 예수님께 이런 사명을 받은 베드로와 제자들이 소일거리 하느라고 물고기 잡으러 갔다는 것은 긴박한 상황을 통해 놀라움을 경험하고 중요한 사명을 받은 자들의 태도라고 보기에는 좀 무리가 있을 것입니다.

취미로 낚시 배를 빌려서 놀러 나가는 것도 아니고, 생업적인 일로 고기를 잡으러 나간다는 것은 보통 일이 아닙니다. 어부들에게 한 번 물어 보십시오. 준비해야 할 것들, 구비해야 할 물품들이 무수히 많을 것입니다. 이들은 한 삼년 동안을 손 떼고 있었던 사람들이기 때문에 더욱 그러했을 것입니다.

베드로, 잊을 수 없는 상처

　베드로와 제자들의 고기잡이가 영적 타락이 아니고, 그렇다고 게으르지 않게 시간을 활용하기 위함도 아니라면 도대체 어떻게 이해해야 하겠습니까? 그 답은 베드로와 제자들이 지금 처해 있는 상황을 살펴봄으로써 알 수 있습니다. 잘 알려져 있듯이 베드로는 예수님을 세 번이나 부인했습니다. 얼마나 큰소리를 쳤습니까. 베드로에게는 좀 미안하지만 그 장면을 다시 한 번 살펴보도록 하겠습니다.

> 마 26:31 때에 예수께서 제자들에게 이르시되 오늘밤에 너희가 다 나를 버리리라 기록된바 내가 목자를 치리니 양의 떼가 흩어지리라 하였느니라 32그러나 내가 살아난 후에 너희보다 먼저 갈릴리로 가리라 33베드로가 대답하여 가로되 다 주를 버릴지라도 나는 언제든지 버리지 않겠나이다 34예수께서 가라사대 내가 진실로 네게 이르노니 오늘밤 닭 울기 전에 네가 세 번

나를 부인하리라 ³⁵베드로가 가로되 내가 주와
함께 죽을지언정 주를 부인하지 않겠나이다
하고 모든 제자도 이와 같이 말하니라

  이렇게 장담을 한 베드로는 이런 장담을 한 자답게 군병들이 예수님을 체포하려고 하자 칼을 준비했다가 말고의 귀를 베기도 하고 또한 대제사장의 법정 뜰에까지 따라가는 충정 어린 모습을 보였습니다. 그런데 문제는 거기서 발생했습니다. 베드로는 "죽을지언정 주를 부인하지 않겠나이다"라고 말한 바로 그 밤에 예수님을 세 번이나 부인하고 말았습니다. 자신의 목숨을 내 놓아야 하는 상황이 되자 자신의 맹세를 지켜낼 힘이 없었던 것입니다.

  그런데 문제는 이렇게 자신이 부인하고 저주하고 욕까지 한 바로 그 예수님께서 부활하신 것입니다. 도무지 믿어지지 않는 사건을 목격한 것입니다. 여러 번에 걸쳐서 부활하신 예수님의 그 영광스러운 모습을 보았습니다. 놀랍습니다. 기쁩니다. 환희 속에서 하나님을 찬양하고 크게 소리 지르고 싶었을 것입니다. 이제야 예수님께서 메시야 되심을 확신 있게 알게 되었고, 예수님께서 하나님의 아들이심에 대해서 분명히 깨닫고 믿게 되었습니다.

그러나 베드로는 더 이상 사역을 해나갈 수 없는 상황입니다. 이미 자신은 배신자이기 때문입니다. 그동안 예수님과 함께 있었고, 또한 지금 부활하신 예수님에 대해 누구보다도 더 분명하게 확인하였기 때문에 증인으로서, 예수님의 제자로서 예수님의 부활을 증거해야 할 자로 서 있어야 하는데 오히려 자신은 지금 배신자가 되었기 때문에 사역자로서의 위치를 잃어버린 것입니다.

이제야말로 제대로 예수님을 알게 되었는데, 그래서 부활하신 예수님을 증거할 수 있게 되었는데 이미 자신은 그 일을 할 수 없는 자가 되었던 것입니다. 아무도 이 배신자를 받아주지 않을 것이기 때문입니다.

그래서 베드로는 어쩔 수 없이 자신의 생업인 물고기 잡는 일로 돌아갈 수밖에 없다고 생각하고 "난 물고기 잡으러 가야겠다." 하고 말한 것입니다.

여기에 다른 제자들도 "우리도 함께 가겠다."며 따라 나선 것입니다. 다른 제자들은 비록 입으로 부인하는 행동을 보이지는 않았지만 오히려 베드로보다 훨씬 더 부끄러운 배신자들이었습니다. 예수님께서 잡히시던 때에 다 도망갔던 자들이기 때문입니다.

아마도 이들은 이제 도래하는 하나님의 나라는 이미 배신한 더러운 자신들이 아니라 순결한 자들에게 맡겨지리라 생각했던 것 같습니다. 그래서 제자로서 감당해야 할 사역의 희망을 버리고 본업으로 돌아가겠다고 한 것으로 보입니다.

너의 실패가 나를 포기 시키지 못한다

이처럼 자신에 대해서 절망하고 좌절하며 예수님께서 맡기셨던 사명을 포기하고 돌아가는 베드로와 제자들에게 예수님께서 찾아오십니다. 이들이 잃어버린 사명을 회복시켜 주시기 위해서 친히 이들을 만나러 새벽을 가지고 오신 것입니다. 제자들의 인생 실패를 불쌍히 여기시면서 바로잡아 주시고자 "배의 오른 편에 그물을 던지라"고 말씀해 주셨습니다.

여기서 오른쪽이 특별한 행운을 가져다 준다는 식으로 볼 수는 없으나 우리가 "오른손이 하는 일을 왼손이 모르게 하라"라는 말씀 속에서도 볼 수 있고, 고대에는 보편적이었던 오른편과 왼편의 상징성을 생각한다면 예수님께서 제자들의 잘못 가고 있는 행보의 방향을 돌려서 바로 잡아 주시겠다는 의미로 하신 말씀으로 생각됩니다.

그 중에서도 베드로의 제자로서의 위치를 회복시켜 주시려는 예수님의 모습은 아주 뚜렷하게 보입니다. 예수님께서는 베드로가 부인하던 상황을 회상할 수 있도록 숯불을 피워 놓으셨습니다. 요한복음 기록자는 유일하게 단 두 곳에서만 '숯불'이라는 단어를 썼는데 베드로가 예수님을 부인하던 대제사장의 뜰에 피워 놓았던 모닥불을 가리킬 때 '숯불'이라고 했고 바로 이곳 요한복음 21장에 '숯불'이라고 표현함으로써 두 정황을 연결해서 연상하게 하신 예수님의 의도를 말해 주고 있습니다.

이런 특별한 숯불 앞에서 예수님께서는 세 번에 걸쳐 베드로에게 질문을 하시고, 답을 듣고 사역을 맡기셨습니다. 이것 또한 베드로의 세 번에 걸친 부인에 대한 회복의 완전성을 위해서 그렇게 하신 것입니다. 고대 근동에서는 증인들 앞에서 세 번을 반복해서 선언함으로써 법적 효력을 발생하도록 하는 풍습을 가지고 있었습니다. 그러므로 베드로가 그날 세 번 부인한 것은 법정적인 선언이었던 것입니다.

이제 이것에 대한 취소와 사역의 회복에 대한 법정적 선언을 하시기 위해서 예수님께서는 같은 질문을 세 번이나 반복하셨습니다. 즉 '네가 나를 모른다고 하고 욕하고 저주를 했는데, 이제 다시 기회를 주고 묻겠다. 네가 나를 정말로 사랑하느냐?' 이에 대해서 베드로는 "내가 주를 사랑하는 줄 주께서 아시나이다"라고 자신의 사랑의 진실됨을 예수님을 의지하여 고백하고 있습니다. 이에 대해 예수님께서 자신의 양을 먹이고 치라는 사명을 주셨습니다.

이렇게 예수님께서는 베드로의 죄를 용서하실 뿐 아니라 이것을 증인들 앞에 법정적 선언으로 선포하여 주신 것입니다. 이제 그 누구도 베드로의 죄에 대해서, 그의 사역에 대해서 시비를 걸 수 없게 되었습니다. 이것이 베드로만 받은 사죄와 회복이겠습니까? 베드로가 대표로 받게 된 것이기에 제자들 모두의 사죄와 사역에의 회복인 것입니다. 왜 베드로가 대표로 받았을까요? 베드로가 일만 달란트 빚진 자이기 때문이지 베드로가 더 특별하기 때문이 아니라는 것은 너무도 당연한 것입니다.

진정 목숨을 걸고 사명을 감당함

이렇게 사명을 회복한 이들은 드디어 열심히 부활의 증인으로서의 역할을 활발히 시작합니다. 물론 진정한 의미에서의 신약교회 탄생을 알리며 본격적인 사역을 시작한 것은 오순절 성령께서 강림하신 사건 이후지만 이 일 이전에도 베드로와 제자들은 분명히 그 사역을 감당했음을 확인할 수 있습니다. 고린도전서 15장 5~6(上)절을 보면 분명해집니다.

> ^{고전 5:5}게바에게 보이시고 후에 열 두 제자에게와
> ⁶그 후에 오백여 형제에게 일시에 보이셨나니

여기 오백여 형제에게 일시에 보이신 사건이 기록되었는데, 이 사건은 베드로의 회복 후에 있는 일입니다. 그런데 '오백여 형세에게 일시에 보이셨다'는 구절에 주목해야 할 필요가 있습니다.

예수님이 십자가에서 죽으시고 모든 제자들과 따르던 무리들이 뿔뿔이 흩어졌습니다. 군병들과 바리새인들과 같이 잡고자 혈안이 된 사람들을 피해서 꼭꼭 숨어 있었습니다. 이들이 다 어떻게 모였을까요? 예수님께서 숨은 곳마다 찾아가셔서 "언제 어디로 모이거라" 하셨을 리도 없습니다. 성경에는

뚜렷이 기록되어 있지는 않습니다. 그러나 사역자로서 다시 회복된 베드로와 제자들이 소리 소문 없이 조용히 활동하면서 흩어진 형제들이 숨어 있는 곳을 애를 써서 찾고 또한 모일 수 있도록 노력했다고 볼 수밖에 없는 것입니다. 베드로와 제자들은 오늘 본문에서 자신들의 사명을 회복하고서 기쁘게 자신들의 일을 감당하기 시작하고 훌륭히 수행한 것입니다.

나의 심장이 너를 놓을 수 없다

우리는 그리스도인입니다. 그러나 우리는 무수히 많은 죄를 범하며 살아갑니다. 정말 내가 그리스도인이 맞는지조차 의심스러울 때도 한두 번이 아닙니다. 또한 어느 때에는 정말 돌이킬 수 없고, 생각조차 하고 싶지 않으며, 스스로를 혐오할 수밖에 없는 심각한 죄를 짓고 절망할 때도 있습니다. 이제 주께서 나를 버리시고, 내게 맡기셨던 사명과 기쁨까지도 다 거두어 가실 것이라는 좌절 속에 눈물을 흘릴 수밖에 없는 상황이 오기도 합니다. 베드로처럼 말입니다.

그러나 예수님께서는 결코 나에 대해서 포기하지 않으시고 찾아오셔서 우리의 죄를 사해주시고, 우리에게 맡기셨으나 내 죄로 말미암아 잃었던 자녀로서의 특권과 기쁨을 회복시켜 주신다는 사실을 요한복음 21장을 통해 확인할 수 있습니다. 아니 오히려 하나님 앞에서 우리는 나의 못남과 나의 죄 때문에 더욱 하나님을 사랑하게 되며, 더욱 충성된 자로서 살아갈 수 있게 되는 것입니다. 베드로의 그 뼈아픈 경험과 여기서의 회복이 요한복음 21장 19절에서 예언되어 있는 베드로의 영광스러운 순교를 가능하게 한 것입니다.

예수님께서는 베드로가 부인하게 될 것을 말씀해 주시면서 이렇게 말씀하셨습니다.

> 눅22:31 시몬아, 시몬아, 보라 사단이 밀 까부르듯 하려고 너희를 청구 하였으나 32 그러나 내가 너

를 위하여 네 믿음이 떨어지지 않기를 기도하
였노니 너는 돌이킨 후에 네 형제를 굳게 하라

　오늘 우리에게도 이 말씀을 하고 계시는 것입니다. 우리가 우리의 무지함과 욕심에 끌려서 시험을 당하여 넘어지게 될 수 있습니다. 심각한 죄를 범할 수도 있습니다. 그러나 이것 때문에 주께서 우리를 버리지 않으십니다. 오히려 주께서는 우리를 위해 기도해 주십니다. 그리고 말씀하십니다. "돌이킨 후에 네 형제를 굳게 하라". "돌이킨 후에 내가 네게 맡긴 사명을 더욱 잘 감당하거라". 그리고 절망 가운데 있는 우리에게 찾아오셔서 하나님의 자녀로서 누려야 할 기쁨을 회복해 주시고 더욱 굳은 믿음으로 맡겨진 사명을 훌륭히 이룰 수 있는 주의 제자로 만드시고야 마실 것입니다. 이 일을 이루시기 전엔 절대로 놔두지 않으실 것입니다. 주의 심장이 우리를 놓지 않으시는 것입니다.

> 네가 정말로 나를 사랑하느냐?
> 내가 주를 사랑하는 줄 주께서 아시나이다
> 제자들 모두의 사죄와 사역에의 회복인 것입니다.

7 여전히 목표는 베드로

사도행전 10장 9~23절

⁹이튿날 저희가 행하여 성에 가까이 갔을 그 때에 베드로가 기도하려고 지붕에 올라가니 시간은 제 육 시더라 ¹⁰시장하여 먹고자 하매 사람이 준비할 때에 비몽사몽 간에 ¹¹하늘이 열리며 한 그릇이 내려오는 것을 보니 큰 보자기 같고 네 귀를 매어 땅에 드리웠더라 ¹²그 안에는 땅에 있는 각색 네 발 가진 짐승과 기는 것과 공중에 나는 것들이 있는데 ¹³또 소리가 있으되 베드로야 일어나 잡아 먹으라 하거늘 ¹⁴베드로가 가로되 주여 그럴 수 없나이다 속되고 깨끗지 아니한 물건을 내가 언제든지 먹지 아니하였삽나이다 한 대 ¹⁵또 두 번째 소리 있으되 하나님께서 깨끗케 하신 것을 네가 속되다 하지 말라 하더라 ¹⁶이런 일이 세 번 있은 후 그 그릇이 곧 하늘로 올리워 가니라 ¹⁷베드로가 본 바 환상이 무슨 뜻인지 속으로 의심하더니 마침 고넬료의 보낸 사람들이 시몬의 집을 찾아 문 밖에 서서 ¹⁸불러 묻되 베드로라 하는 시몬이 여기 우거하느냐 하거늘 ¹⁹베드로가 그 환상에 대하여 생각할 때에 성령께서 저더러 말씀하시되 두 사람이 너를 찾으니 ²⁰일어나 내려가 의심치 말고 함께 가라 내가 저희를 보내었느니라 하시니 ²¹베드로가 내려가 그 사람들을 보고 가로되 내가 곧 너희의 찾는 사람이니 너희가 무슨 일로 왔느냐 ²²저희가 대답하되 백부장 고넬료는 의인이요 하나님을 경외하는 자라 유대 온 족속이 칭찬하더니 저가 거룩한 천사의 지시를 받아 너를 그 집으로 청하여 말을 들으려 하느니라 한대 ²³베드로가 불러들여 유숙하게 하니라 이튿날 일어나 저희와 함께 갈새 욥바 두어 형제도 함께 가니라

베드로에 대한 내용은 복음서와 사도행전에 나타나는 것이 거의 전부입니다. 지금까지 복음서에 나타난 베드로를 대략 살펴보았습니다. 이제 베드로의 이야기를 더 듣기 위해서는 사도행전으로 가야 합니다. 사도행전에서 보여주는 베드로의 활약은 대단합니다.

사도행전에 나타나는 베드로의 행적

교회 초기에 베드로는 수장으로서의 지위가 매우 분명해 보입니다. 배신한 가룟 유다를 대신하여 새로운 사도를 뽑는 일을 주도적으로 수행했고(행 1:15~26), 오순절에 성령 강림 사건시에도 공식적인 기독교회의 첫 선포이자 설교를 행했습니다(행 2:14~36).

요한과 함께 앉은뱅이도 일으키고 복음을 선포하여 오천 명의 회심자를 얻고(행3:1~4:4), 산헤드린 공회에서 베드로가 주축이 되어 논쟁을 하며 목숨을 걸고 복음 선포를 했습니다(행4:5~21).

 이런 가운데 사도교회는 베드로를 중심으로 확장되고 강력한 능력을 발휘해 나갔습니다. 그 즘에 베드로는 아나니아 부부가 성령님과 교회를 속이려는 것을 알고 즉결심판을 하였고, 이 판결을 따라 부부가 그 자리에서 순차적으로 즉사하는 일도 벌어졌습니다(행5:1~11). 사람들은 강력한 능력이 나타남으로 인하여 심지어 베드로의 그림자라도 덮이기를 바라며 병자를 그가 지나는 길에 뉘어 놓았습니다(행5:15). 병들어 죽은 여제자 다비다를 살리기까지 했습니다(행9:36~41).

 결국 교회의 공식적인 첫 이방인 전도를 이룬 것도 베드로입니다(행10:1~48). 그리고 이 사실을 통해서 예루살렘 교회가 이방인을 향한 하나님의 전도하심을 인정하게 만드는 역할도 베드로가 했습니다(행11:1~18). 그 후에 헤롯 왕이 죽이려고 베드로를 감옥에 잡아 가뒀는데도 천사가 옆구리를 쳐서 깨워야 할 만큼 깊이 잠자고 있을 정도의 담대한 믿음을 보여줬습니다(행12:1~17). 베드로가 사도행전에서 마지막으로 등장하는 장면은 예루살렘 회의입니다. 믿음을 가지게 된 이방인들에게 할례를 행해야 하는가의 문제를 논의할 때 적극적으로 바울을 옹호하여서 교회가 이방인들을 받아들일 수 있는 중대한 역할을 수행했습니다(행15:6~11).

그럼에도 불구하고 베드로의 행적들은 사도행전 전반부에 집중되어 나타나고 있으며 초기 교회 사역의 핵심을 이루고 있습니다. 그렇기에 베드로가 나타나는 장면들 모두를 다룬다는 것은 사도행전 전반부를 다 다뤄야 한다는 것을 의미합니다. 이는 사도행전을 강해하면서 해야 하는 작업이기에 여기서는 필자가 중요하다고 여기는 한 사건을 분석하고 그 의미를 통해서 사도행전 전반부의 그림을 그리는 쪽으로 진행하겠습니다.

사도행전에서 만나는 베드로는 분명 예수님께 대한 매우 강렬한 충성심과 사랑을 가지고 있습니다. 목숨이 위협받는 일조차 전혀 두려워하지 않고 담대히 복음을 증거했습니다. 또한 자신의 사명이 '형제를 굳게 하는 것'이고, 그것을 통해서 이 땅 위에 예수 그리스도의 교회가 세워지는 것임을 충분히 알았으며, 충실히 이 사명을 수행했습니다.

그럼에도 불구하고 베드로조차도 어떤 벽을 넘지 못하고 있었습니다. 이는 사도행전 초기부터 드러나고 있었으나 사도행전 10장에 와서 매우 확연하게 드러납니다. 9절부터 23절까지를 통해 보여주고 있는 이 문제를 인식하지 못하고서는 사도행전 전체에 대한 이해가 뒤틀려서 엉뚱한 쪽에 초점을 맞추게 됩니다. 그렇기에 사도행전 10장과 연결되어 있는 사도행전 11장의 내용을 살펴볼 것이고, 거기에 우리가 주목하고 있는 베드로가 어떤 문제 위에 서 있는지 살펴볼 것입니다.

고넬료 전도는 이방인 전도의 역사가 아님

본문에서 베드로는 환상을 보게 됩니다. 이를 간략히 말하자면, 고넬료라는 이방인에게 복음을 전하라는 계시였습니다. 이에 따라 이방인과 교제하지 않는 유대적 관습을 넘어서 고넬료의 집안에 복음을 증거합니다. 그러자 성령님께서 고넬료의 집안 모든 사람에게 임하셨습니다. 11장에서는 이 사건으로 인하여 예루살렘 교회에 논쟁이 있었고, 거기서 베드로의 적극적인 변호로 공식적인 이방인 전도의 문을 열게 됩니다.

그렇기에 이를 이방인 전도를 시작하는 사건이라고 생각하기 쉽습니다. 하지만 이방인에게 복음을 증거하기 시작한 것은 8장에 나타나는 빌립이 에디오피아 내시를 전도하는 사건입니다(행8:26~38).

또한 고넬료 사건이 이방인 전도를 시작하게 된 사건이라면, 그 연속성이 기록되어야 합니다. 사도행전은 역사서입니다. 기독교회 초기의 역사를 기록하고 있는 것입니다. 바울의 회심과 전도 여행에 대한 기록은 매우 치밀하게 연결되어 있고 그 연속성이 깊습니다. 동일하게 베드로가 고넬료에게, 고넬료가 그 누군가에게 복음을 전했다는 식의 설명이 따라왔어야 이것을 이방인 전도의 문이 열린 역사적 사건으로 인식할 수 있을 것입니다. 하지만 이 사건의 기록은 이후에 아무런 긍정적인 연속성이 나타나지 않습니다. 그런 것이 없습니다.

그렇다면 반대로 고넬료가 아니라 베드로나 예루살렘 교회가 이방인에 대한 전도에 적극적으로 나서는 모습으로라도 이어져야 합니다. "그러면 하나님께서 이방인에게도 생명 얻는 회개를 주셨도다"(행11:18下). 이렇게 고백했으니 이제 자신들이 지금까지 이해가 부족했기에 깊이 반성하고, 지금부터라도 열심히 이방인들에게 복음을 증거해야겠다는 움직임이 나타났을 것 같지 않습니까? 하지만 이런 일은 일어나지 않았습니다.

오히려 이 논쟁에 대한 기록 바로 다음에 의도적으로 이방인 복음 전도는 핍박으로 말미암아 흩어진 그리스도인들에 의한 것이었다고 보고하고 있습니다. 결정적으로 15장에서의 할례 논쟁은 이때까지도 예루살렘 교회가 이방인 그리스도인을 받아들일 준비가 되어 있지 않음을 보여주는 것입니다. 이는 10장에서의 사건이 이방인 전도라는 연속선을 그리지 못하였음을 반증합니다.

그러므로 이 사건은 이방인 전도를 시작하는 사건으로 볼 수 없습니다. 이방인 전도의 역사를 진전시키는 획기적 사건으로 이해할 조건들이 갖춰지지 못했습니다. 그저 고넬료와 그 주변에 복음이 전도되는 것 이외에 큰 영향을 주지 못한 것입니다.

그렇다면 이 사건은 큰 의미가 없는 걸까요? 그건 절대 아닙니다. 이 사건은 비록 역사적 연속성을 가지지는 못하지만 그 사건 자체로서 매우 중요한 사건입니다. 제가 생각할 때에 사도행전 전반부를 해석해 나가는 가장 중요한 사건입니다. 사도행전의 저자인 누가도 이것을 강조하기 위해서 고넬료가 본 환상과 베드로가 본 환상을 거의 동일하게 반복하여 기록하였습니다. 한 번은 전지적 작가 시점에서 서술하고, 다른 한 번은 본인인 고넬료와 베드로가 직접 진술하는 방식을 사용하였습니다. 이로써 독자들에게 이 환상의 내용이 매우 중요한 사실임을 강조하고 각인시켜 주고 있는 것입니다.

환상의 의미

 그러면 도대체 이 사건의 핵심은 무엇이며, 의미는 무엇일까요? 이것을 파악하는 것이 중심 과제입니다. 이 과제의 해결을 위해서 사도행전 10장 9절부터 23절까지를 자세히 살펴볼 필요가 있습니다. 우선 베드로가 기도하러 지붕에 올라가서 비몽사몽간에 본 환상에 대한 서술을 한 번 더 보겠습니다.

> 행10:9 이튿날 저희가 행하여 성에 가까이 갔을 그 때에 베드로가 기도하려고 지붕에 올라가니 시간은 제 육 시더라 10시장하여 먹고자 하매 사람이 준비할 때에 비몽사몽간에 11하늘이 열리며 한 그릇이 내려오는 것을 보니 큰 보자기 같고 네 귀를 매어 땅에 드리웠더라 12그 안에는 땅에 있는 각색 네 발 가진 짐승과 기는 것과 공중에 나는 것들이 있는데 13또 소리가 있으되 베드로야 일어나 잡아 먹으라 하거늘 14베

드로가 가로되 주여 그럴 수 없나이다 속되고 깨끗지 아니한 물건을 내가 언제든지 먹지 아니하였삽나이다 한대 [15]또 두 번째 소리 있으되 하나님께서 깨끗케 하신 것을 네가 속되다 하지 말라 하더라 [16]이런 일이 세 번 있은 후 그 그릇이 곧 하늘로 올리워 가니라 [17]베드로가 본 바 환상이 무슨 뜻인지 속으로 의심하더니 마침 고넬료의 보낸 사람들이 시몬의 집을 찾아 문 밖에 서서 [18]불러 묻되 베드로라 하는 시몬이 여기 우거하느냐 하거늘 [19]베드로가 그 환상에 대하여 생각할 때에 성령께서 저더러 말씀하시되 두 사람이 너를 찾으니 [20]일어나 내려가 의심치 말고 함께 가라 내가 저희를 보내었느니라 하시니

여기 보면 구약에 기록된 부정한 음식을 먹으라고 하시며 이를 거부하자 '하나님께서 깨끗케 하신 것을 네가 속되다 하지 말라'고 하십니다. 그리고 이것을 세 번 반복하였다고 말하고 있습니다. 세 번 반복하신 것은 하나님의 의지가 매우 분명하시다

는 것을 의미합니다. 반대로 베드로는 이 과정을 세 번이나 반복해서 거부했습니다. 이 환상에 대해서 의심까지 했습니다. 하나님께서 그러실 리가 없는데 어쩌다가 이런 꿈을 꾸었을까 하고 이 환상이 자신의 시장 끼에 의한 것이 아닐까 하고 넘어가려 한 것 같습니다. 그러자 하나님께서 명료하게 음성으로 말씀해 주심으로 베드로를 고넬료의 집으로 보내십니다.

과연 이 환상은 무엇이고, 환상의 의미는 무엇이기에 베드로가 이처럼 세 번이나 반복된 환상의 내용조차도 거부하고 의심하고 있는 것일까요? 그 이유를 알기 위해서 이 환상의 배경이 되는 구약의 내용을 보아야 합니다.

> 레20:24 내가 전에 너희에게 이르기를 너희가 그들의 땅을 기업으로 얻을 것이라 내가 그 땅 곧 젖과 꿀이 흐르는 땅으로 너희에게 주어 유업을 삼게 하리라 하였노라 나는 너희를 만민 중에서 구별한 너희 하나님 여호와라 25너희는 짐승의 정하고 부정함과 새의 정하고 부정함을

구별하고 내가 너희를 위하여 부정한 것으로 구별한 짐승이나 새나 땅에 기는 곤충으로 인하여 너희 몸을 더럽히지 말라 [26]너희는 내게 거룩할지어다 이는 나 여호와가 거룩하고 내가 또 너희로 나의 소유를 삼으려고 너희를 만민 중에서 구별하였음이니라

"나는 너희를 만민 중에서 구별한 너희 하나님 여호와라"(24下), "나의 소유를 삼으려고 너희를 만민 중에서 구별하였음이니라"(26下)라는 말씀으로 이 음식에 대한 규정이 민족적 구별, 유대인의 거룩성을 담보하기 위한 규례임을 나타내고 있습니다. 이를 명확히 하기 위하여 이 문단의 앞뒤를 맞추는 샌드위치 기법이 쓰이고 있습니다.

여기서 보시다시피 음식에 대한 규정을 거룩하게 지키는 것은 민족적인 거룩을 지키는 문제와 동일한 맥락에 서 있습니다. 즉 베드로가 본 환상은 그냥 음식의 문제를 말씀하신 것이 아니라 민족적 구별을 포기하라는 명령입니다. 그래서 베드로가 환상이 세 번이나 반복되었어도 내내 거부하고, 또 의

심한 것입니다. 이것이 타당한 추론인가, 혹시 필자의 독단적인 주장인가를 확인하기 위하여 사도행전 10장 28절을 보겠습니다.

> ^{행10:28}이르되 유대인으로서 이방인을 교제하는 것과 가까이 하는 것이 위법인 줄은 너희도 알거니와 하나님께서 내게 지시하사 아무도 속되다 하거나 깨끗지 않다 하지 말라 하시기로 ^{29上}부름을 사양치 아니하고 왔노라

환상은 음식과 관련된 내용이었고, 이 후의 음성은 의심치 말고 따라가라 하셨을 뿐입니다. 그런데도 베드로는 이것을 '하나님께서 내게 지시하사 아무도 속되다 하거나 깨끗지 않다 하지 말라'고 하신 것으로 이해하고 말하고 있습니다. 베드로는 첫 환상이 주어진 시점부터 이것이 이방인들에 대한 말씀이라는 것을 알았던 것입니다. 오히려 그래서 못한다고 버틴 것입니다.

베드로에게 충격을 주는 것이 목표

이유는 무엇이었을까요? 베드로조차도 여전히 유대인의 선민사상에 물들어 있었기 때문입니다. 아무리 예수님께서 "예루살렘과 온 유대와 사마리아와 땅 끝까지 이르러 내 증인이 되리라"(행1:8下)고 하셨고, "너희는 가서 모든 족속으로 제자를 삼아 아버지와 아들과 성령의 이름으로 세례를 주고"(마28:19) "내가 너희에게 분부한 모든 것을 가르쳐 지키게 하라"(20上)고 하셨어도 쉽게 바뀔 수 없는 부분이었습니다.

더욱 심각한 것은 예루살렘 교회 전체입니다. 고넬료 집에 가서 복음을 증거한 것이 문제가 되었을 때에 베드로가 상세히 그 상황을 설명하고서 "내가 누구관대 하나님을 능히 막겠느냐"(행11:17下)고 했습니다. 거기에 대해서 예루살렘 교회도 더 할 말을 잃고서 "저희가 이 말을 듣고 잠잠하여 하나님께 영광을 돌려 가로되 그러면 하나님께서 이방인에게도 생명 얻는 회개를 주셨도다 하니라"(행 11:18)고 고백했습니다. 그런데도 이후에 아무런 조치도 취하지 않았습니다.

이번에 일어난 사건에 대해서는 더 이상 부정할 수가 없으니 잠잠히 있는 것입니다. 하지만 예수님께서 명하신 내용을 다시 바르게 깨닫거나 제대로 수행해 나가기 위한 노력은 조금도 하지 않습니다. 그저 이런 일이 다시 일어나지 않고 조용히 잊혀 지기를 바라는 것처럼 보입니다. 그러다 보니 바나바와 바울에 의해서 이방인들이 대거 전도되는 상황을 맞이하고서 심히 당황했습니다. 그래서 이방인들을 다시 율법의 굴레 아래로 밀어 넣으려고 했습니다. 그 때까지도 여전히 유대주의적 선민사상에서 빠져 나올 기미를 보이지 못하고 있었던 것입니다.

이 고넬료 전도 사건은 베드로와 예루살렘 교회에 이만큼 충격적인 사건이었던 것입니다. 사실 이 충격을 주시고자 이 사건을 일으키신 것입니다. 이방인 고넬료가 목표가 아니라 베드로와 예루살렘 교회가 초점이며 목표입니다. 그 사실을 분명히 하기 위해서 고넬료에게 먼저 하나님의 사자가 갔습니다. 즉, 전도가 목적이었다면 보내진 천사를 통해서 예수님을 알리시면 그만입니다. 굳이 사람을 보내고 베드로를 찾고 그 베드로가 안 가려고 하니까 미리 환상을 보여 주고, 그래도 안 가려고 하니까 다시 음성으로 재촉하시고 이런 복잡한 과정으로 돌아 돌아서 갈 필요가 없습니다.

제가 보기에는 하나님께서 베드로와 예루살렘 교회에 이렇게 시위를 하시는 것 같습니다. '너희가 아니라도 된다. 그냥 내가 천사를 보내서 전도하는 것이 가장 간단하다. 그러나 너희에게 기회를 주는 것임을 알아라.' 이것을 더 확실히 하시기 위해서 심지어 설교도 안 끝났는데 성령님께서 임재하심으로써 설교자가 필요한 것이 아님을 증명하셨습니다. 베드로에게 '내가 필요한 게 아니었구나! 감히 내가 누구관대 하나님을 능히 막겠는가?' 하는 심정이 일어나게 하신 것입니다. 이것이 고넬료 집안을 전도하는 사건의 진정한 목적이며, 동시에 우리가 행하는 전도의 실제입니다.

전도란 전도되어야 하는 대상 쪽에 초점이 있는 것이 아닙니다. 그는 내가 아니어도 하나님께서 구원하고자 하시면 어떤 방식으로든지 구원을 얻게 하실 것입니다. 그럼에도 불구하고 우리에게 전도를 하도록 하신 이유는 전도를 하는 쪽에 초점을 맞추시기 때문입니다. 전도를 하기 위해서 자신을 절제하고, 많이 인내해야 하고, 양보해야 하고, 경건의 훈련을 해야 하고, 자신의 생각을 새롭게 해야 하고, 무엇보다도 자신의 고집을 꺾어야 합니다. 그 과정 속에서 그리스도인들이 비로소 그리스도인다운 인식과 자태를 형성해 나갈 수 있게 되는 것입니다. 이것을 위해서 전도라는 미련한 방법을 쓰시는 것입니다(고전1:21).

사도행전 전반부를 이해하는 관점

이처럼 고넬료 집안을 전도하는 사건은 베드로와 예루살렘 교회가 아직도 예수님께서 말씀하신 것이 무엇인지, 자신들에게 맡기신 사명이 무엇인지 잘 모르고 있다는 것을 드러냅니다. 이 시점까지 잘 모르고 있다면 그 보다 앞선 내용들, 사도행전 초반에 서술된 내용들 속에선 더욱 그러할 것입니다. 그리고 이들이 그런 수준에 머물러 있다고 전제해야 비로소 사도행전 전반부의 내용이 유기적으로 설명됩니다.

사도행전 1장에서 제자들은 감람산에서 승천을 앞두고 계신 예수님께 이렇게 묻습니다. '이스라엘 나라를 회복하심이 이때입니까?(행1:6)' 이에 대해서 예수님께서는 부정적인 대답과 동문서답 같은 말씀을 하시고 승천하십니다. 제자들의 물음이 황당한 수준의 질문이기 때문입니다. 이들이 물은 것은 하나님 나라의 도래가 아닙니다. 유대 민족의 메시야 왕국을 바라며 질문을 하고 있는 것입니다. 이들의 생각이 여전히 유대 민족적 메시야 왕국에 머물고 있었기 때문에 예수님께서 승천하시기 직전까지 열심히 가르치셨어도 전혀 거기서 벗어나지 못하고 있는 것입니다. 이런 못난 제자들을 성령님께 의탁하시는 예수님의 한숨이 들리는 듯합니다.

이에 성령님께서 오실 때에도 이 점이 뚜렷하게 드러나도록 하셨습니다. 하나님의 현현(顯現)은 그 모습 자체가 가장 강렬한 메시지가 됩니다. 성령님께서 임재하실 때에 가장 두드러진 현상은 방언입니다. 방언이란 언어적 장벽의 무효화를 나타냅니다. 창세기 바벨탑 사건으로부터 생긴 언어적 장벽을 넘어 모두가 소통될 수 있게 하신 것입니다. 이것이야말로 성령님께서 땅 끝까지 복음을 증거할 자들에게 보이신 상징적인 현상입니다. 어느 언어, 어느 민족이라는 것이 장벽으로 작용할 수 없다는 것을 이 사건으로 알리셨습니다. 예수님의 명령이 제자들에게서 이루어질 수 있도록 역사하시겠다는 것을 알리신 것입니다. 그런데도 사도들은 이런 인식을 갖질 못하고 여전히 자신들의 민족적 굴레에 머물다가 성령님의 역사하심과 충돌하고 마는 것입니다. 오히려 제자들과 예루살렘 교회는 자신들을 더욱 공고하고 신실한 신앙인으로 생각하면서 민족적 종교심을 더 강화하는 쪽으로 흘렀습니다.

그러다보니 자연적이면서 동시에 필연적으로 교회 안으로 들어온 자들에게조차도 차별을 행하는 일이 벌어졌습니다. 예루살렘에서 임종하고자 하는 유대인 남편을 따라 온 헬라파 과부들에게 차별을 행했습니다. 이 일은 교회에서 공식적으로 행해진 것은 아니지만 심각한 문제를 야기했고, 사도들은 이 문제를 해결하기 위해서 구제의 일을 맡아 행할 일곱 명의 사람들을 모두 헬라파에 할당했습니다. 이는 히브리파의 잘못에 대한 반증으로 볼 수 있을 것입니다. 이후에라도 교회 안에서 반헬라적인 태도가 개선되지 못하고 지속되었다는 것을 생각한다면 이것이 가장 가능성이 높은 추론입니다.

이 일로 헬라파 디아스포라인 스데반이 일곱 중에 한 사람으로 등장하게 되었고, 스데반이 영광스런 첫 순교자가 되었습니다. 스데반의 순교와 함께 핍박이 와서 예루살렘 교회가 사방으로 흩어지게 되었고, 그 흩어진 자들에 의해서 이방인에 대한 전도가 진행되어 최초의 이방 교회인 안디옥 교회가 세워졌으며, 스데반의 기도의 응답인 바울이 대대적인 이방 전도와 이후 기독교 역사를 짊어지게 됩니다. 이처럼 기독교 역사의 관심이 급속히 민족적 한계를 초월한 바울과 이방인들로 옮겨진 것입니다. 이는 사도들과 예루살렘 교회가 교회 역사의 중심부로부터 점점 멀어지고 있음을 의미합니다. 그래서 베드로와 예루살렘 교회는 사도행전 15장 이후엔 거의 나타나질 않습니다. 그저 바울 여정의 배경 정도로만 보이고 맙니다.

이처럼 사도행전 전반부는 유대 민족 우월주의를 벗어나지 못하는 사도들과 유대 민족에게 성령님께서 강하게 질타하는 모습이 대조를 이루고 있습니다. 그렇다고 이들이 하나님에 대한 열심과 예수 그리스도에 대한 사랑이 부족했느냐? 그렇지 않습니다. 누구도 감히 베드로보다 예수님을 사랑한다고 말할 수 없을 것입니다.

그러나 신앙은, 즉 예수 그리스도를 믿고 하나님 나라 백성으로서 그 나라의 일을 수행한다는 것은 감정적이고 감상적인 것이 아님을 깨달아야 합니다. 목숨을 내던진다고 할 수 있는 것이 아닙니다.

무엇보다도 우리 자신이 가지고 있는 가치관을 바꿔야 하는 문제이며, 세계관을 바꿔야 하는 문제입니다. 오직 성경 말씀에만 나를 복종시키고 다른 무엇도 나를 사로잡아 두도록 허용해선 안 됩니다. 내 머리 속에 심겨져 있는 생각들을 다 용인하지 않고, 꺼내서 분석하고 분별하는 작업이 필요합니다.

특히 우리에겐 매우 정당해 보이는 민족주의적 이데올로기나 국가주의적 이데올로기, 각종 정치적이고 사상적인 이데올로기에 의존해선 안 됩니다. 그렇다고 이러한 것들을 모두 부정하고 늘 전투적일 필요는 없지만 어떤 이데올로기도 온전히 하나님 나라에 드려질 수 있는 것이 없습니다. 그렇기에 늘 깨어서 분별해야 합니다. 너무도 당연하다고 생각한 민족적 이데올로기, 민족적 메시야 사상으로 인하여 베드로와 예루살렘 교회가 오래도록 실패하고 있었음을 기억해야 합니다. 우리도 오늘날 그렇게 당연시하며 용인하는 생각으로 인하여 실패하고 있거나 예수 그리스도께 충성하는 데 방해받고 있는 것이 아닌지 살펴야 할 것입니다.

"
오직 성경 말씀에만
나를 복종시켜야 합니다.
다른 무엇도 나를 사로잡아 두도록 허용해선 안 됩니다.
"

8
기대하지 않은 구원

사도행전 12장 1~25절

¹그 때에 헤롯 왕이 손을 들어 교회 중 몇 사람을 해하려 하여 ²요한의 형제 야고보를 칼로 죽이니 ³유대인들이 이 일을 기뻐하는 것을 보고 베드로도 잡으려 할쌔 때는 무교절일이라 ⁴잡으매 옥에 가두어 군사 넷씩인 네 패에게 맡겨 지키고 유월절 후에 백성 앞에 끌어내고자 하더라 ⁵이에 베드로는 옥에 갇혔고 교회는 그를 위하여 간절히 하나님께 빌더라 ⁶헤롯이 잡아 내려고 하는 그 전날 밤에 베드로가 두 군사 틈에서 두 쇠사슬에 매여 누워 자는데 파숫군들이 문 밖에서 옥을 지키더니 ⁷홀연히 주의 사자가 곁에 서매 옥중에 광채가 조요하며 또 베드로의 옆구리를 쳐 깨워 가로되 급히 일어나라 하니 쇠사슬이 그 손에서 벗어지더라 ⁸천사가 가로되 띠를 띠고 신을 들메라 하거늘 베드로가 그대로 하니 천사가 또 가로되 겉옷을 입고 따라 오라 한 대 ⁹베드로가 나와서 따라갈쌔 천사의 하는 것이 참인 줄 알지 못하고 환상을 보는가 하니라 ¹⁰이에 첫째와 둘째 파수를 지나 성으로 통한 쇠문에 이르니 문이 절로 열리는지라 나와 한 거리를 지나매 천사가 곧 떠나더라 ¹¹이에 베드로가 정신이 나서 가로되 내가 이제야 참으로 주께서 그의 천사를 보내어 나를 헤롯의 손과 유대 백성의 모든 기대에서 벗어나게 하신 줄 알겠노라 하여 ¹²깨닫고 마가라 하는 요한의 어머니 마리아의 집에 가니 여러 사람이 모여 기도하더라 ¹³베드로가 대문을 두드린대 로데라 하는 계집아이가 영접하러 나왔다가 ¹⁴베드로의 음성인 줄 알고 기뻐하여 문을 미처 열지 못하고 달려 들어가 말하되 베드로가 대문 밖에 섰더라 하니 ¹⁵저희가 말하되 네가 미쳤다 하나 계집아이는 힘써 말하되 참말이라 하니 저희가 말하되 그러면 그의 천사라 하더라 ¹⁶베드로가 문 두드리기를 그치지 아니하니 저희가 문을 열어 베드로를 보고 놀라는지라 ¹⁷베드로가 저희에게 손짓하여 종용하게 하고 주께서 자기를 이끌어 옥에서 나오게 하던 일을 말하고 또 야고보와 형제들에게 이 말을 전하라 하고 떠나 다른 곳으로 가니라 ¹⁸날이 새매 군사들은 베드로가 어떻게 되었는지 알지 못하여 적지 않게 소동하니 ¹⁹헤롯이 그를 찾아도 보지 못하매 파숫군들을 심문하고 죽이라 명하니라 헤롯이 유대를 떠나 가이사랴로 내려가서 거하니라 ²⁰헤롯이 두로와 시돈 사람들을 대단히 노여워하나 저희 지방이 왕국에서 나는 양식을 쓰는고로 일심으로 그에게 나아와 왕의 침소 맡은 신하 블라스도를 친하여 화목하기를 청한지라 ²¹헤롯이 날을 택하여 왕복을 입고 위에 앉아 백성을 효유한대 ²²백성들이 크게 부르되 이것은 신의 소리요 사람의 소리는 아니라 하거늘 ²³헤롯이 영광을 하나님께로 돌리지 아니하는고로 주의 사자가 곧 치니 충이 먹어 죽으니라 ²⁴하나님의 말씀은 흥왕하여 더하더라 ²⁵바나바와 사울이 부조의 일을 마치고 마가라 하는 요한을 데리고 예루살렘에서 돌아오니라

베드로는 기독교 유대 민족주의의 아이콘(icon)과 같은 존재였습니다. 그 영향은 고린도 교회에까지 미쳐서 고린도 교회의 분쟁과 분당을 형성하게 만드는 한 요소가 되기도 했습니다.(고전1:12참조) 그렇기에 오히려 성령님께서 베드로를 쓰신 것입니다. 베드로가 고넬료 사건에서 항복되니 예루살렘 교회가 불만스러워도 받아들일 수밖에 없었습니다. 또 베드로가 나서서 바나바와 바울의 이방 선교를 옹호하니 기독교 유대주의자들이 더 이상 반대할 명분을 얻질 못하게 된 것입니다.

앞에서 고넬료 사건에 초점을 맞추다보니 베드로를 몰아세웠지만, 베드로는 이 사건을 통해서 매우 분명히 깨닫고 행해 나갔습니다. 베드로의 이후 사역에 대해서 신약성경은 특별히 알려주는 것이 없지만 여러 가지 고대 자료들을 볼 때 베드로가 선교를 위해 로마로 가서 거기서 순교했다는 것은 공통된 증언입니다. 또한 베드로전서는 베드로가 이방 지역 교회에 대해서 염려하면서 환난을 이기도록 격려하는 서신입니다. 이는 이후의 베드로가 이방인 선교에 적극적으로 나섰음을 의미하는 것입니다.

사도행전 12:1~25은 헤롯왕이 교회를 핍박하는 장면입니다. 먼저 요한의 형제 야고보를 칼로 죽입니다. 유대인들이 이걸 좋아하는 것을 보고서 베드로도 잡아 죽이려고 감옥에 가두었습니다. 그리곤 매우 철저히 지키고 있었습니다. 그런데 천사가 베드로를 구원해 냅니다. 베드로는 꿈이라고 생각하다가 현실임을 깨닫고, 성도들이 모여 있는 마가 요한의 어머니 집으로 갑니다. 그곳에선 베드로를 위한 기도회가 열리고 있었습니다. 문 앞에 베드로가 왔는데도 이를 쉽게 믿지 못하고 한참만에야 열어 주어 겨우 들어가서 하나님께서 구원해 주셨음을 증거하고 다른 곳으로 급히 떠납니다.

헤롯 아그리파 1세의 핍박

먼저 헤롯 아그리파 1세의 이야기를 해 보겠습니

다. 지금까지 기독교회에 대한 핍박은 종교 권력이 주축이 되어 행해 왔습니다. 기존의 종교권력 집단과 신생한 기독교회 간의 경쟁 속에서 벌어지는 각축전의 성격을 갖고 있었습니다. 유대 민중들의 종교적 지향성을 차지하기 위한 일종의 헤게모니(hegemony) 경쟁의 측면에서 신생 집단을 물리적으로 억누르려는 시도였습니다. 이때에 유대 민중들은 낡은 종교권력을 향한 저항에 동의하며 기독교회가 보여주는 능력과 새로운 삶의 문화에 대해 경외감을 가지고 칭찬하고 있었습니다.

그런데 국가 권력인 헤롯이 교회를 핍박하면서 야고보 사도를 죽인 이때에 이르러서는 도리어 유대인들이 기뻐했다고 합니다. 헤롯 아그리파 1세는 로마로부터 유대 지역의 지배권을 인정받아서 조부인 헤롯 대왕 이후에 다시 '왕'이라는 호칭을 받았을 뿐 아니라 대중적인 지지를 얻고 있었습니다. 그렇기에 매우 안정적인 지위를 누리고 있었음에도 불구하고 기독교회를 핍박했습니다. 기독교회가 별달리 자신의 통치에 방해될 것이 없는데도 불구하고 대중적인 지지를 묶어 두기 위한 수단으로 핍박하는 것입니다. 공공의 적을 만들어 놓고 핍박을 행함으로써 자신의 통치 기반을 더욱 공고히 하려는 더러운 통치 수단을 사용하고 있는 것입니다.

이것이 사실상 국가 권력이 가지는 본질적인 성격입니다. 성경은 국가가 사회의 기본 질서를 유지하고, 선을 권장하는 순기능을 하고 있음을 인정합니다. 그것이 없다면 하나님께서 그냥 내버려 두지 않으십니다. 그렇지만 그리스도인들은 국가가 절대선이 아님을 늘 기억해야 합니다. 역사 속에서 국가가 진리의 편에 서기보다는 힘의 편에 서 있었고, 하나님 나라에 대해서 적극적이든, 소극적이든 적대적인 관계를 형성하고 있을 때가 많았음을 기억해야 합니다. 그렇기에 그리스도인들은 국가에 대해 그 권위를 인정하되 언제나 깨어서 국가가 진리의 편에 서지 않으려는 유혹에 빠지지 않도록 목소리를 높여 경고해야 합니다. 그것이 국가를 위한 일이며, 그런 교회를 가지는 것이 그 나라의 복이 되는 것입니다.

베드로조차 구출을 기대하지 않다

 이제 우리의 주인공이자 본문의 주인공인 베드로와 교회의 이야기로 들어가겠습니다. 베드로는 죽음을 앞둔 상태에서라도 깊이 잠들어 있었습니다. 반면에 베드로를 위해서 기도하던 성도들은 베드로가 구원받아 문 앞에 왔는데도 믿질 못하고 우왕좌왕했습니다. 그렇기에 베드로의 믿음이 칭송되는 반면에 성도들은 기도하고 있으면서도 베드로의 구원을 믿지 못하는 불신앙을 가지고 있었다고 질타를 당하게 되곤 합니다.

 물론 다음날 사형장에 끌려 나갈 사람이 천사가 옆구리를 쳐서 깨워야 할 만큼 깊이 잠든 것은 대단한 신앙임에 틀림없습니다. 사르트르의 단편 소설 '벽'에 보면 사형을 앞둔 사람들이 보이는 죽음에 대한 공포를 실감나게 그려주고 있습니다. 소설 속의 그들은 의연한 척하려고 노력하지만 자신도 모르게 바지에 소변을 보는 등의 두려움으로 인한 자기 통제 불능의 상태에 빠지게 됩니다. 이것이 일반적인 인간들의 모습임을 생각할 때 베드로의 신앙은 이제 대단한 경지에 올라와 있다고 말할 수 있을 것입니다.

그렇다고 해서 성도들이 베드로의 구원을 곧바로 믿지 못했다는 것이 비난을 받아야 할 만큼 믿음이 부족한 것인가에 대해 생각해 보면 그렇게 보이지는 않습니다. 베드로와 기도하는 성도들은 매우 상반된 모습을 보이고 있는 것처럼 생각되지만 사실 매우 동일한 태도를 나타내고 있는 것입니다. 베드로나 성도들이나 베드로의 구원을 기대하고 있지 않다는 것에서는 동일한 상태입니다.

이들이 믿음이 부족했기 때문이 아닙니다. 예루살렘 교회의 성도들에게 투옥과 기적을 통한 구출은 결코 낯선 장면이 아닙니다. 여러 번 투옥되고 풀려났었습니다. 사도행전 5장에서는 성전에서 전도하다가 감옥에 갇혔는데, 지키던 군병들도 모르게 다시 성전에 서서 복음을 증거했던 적도 있습니다. 그렇기에 이들이 베드로의 구원을 기대하지 않앉다는 것이 믿지 못하기 때문은 분명 아닙니다.

베드로나 성도들이나 베드로의 구원을 기대하지 않고 있던 이유는 이들이 베드로가 구원을 얻어야 하겠다는 당위를 발견하지 못했기 때문입니다. 이미 야고보 사도가 죽임을 당한 상태입니다. 하나님께서 특별한 역사로 구원을 베풀지 않으셨기 때문에 베드로도 그와 동일한 정황으로 진행될 것으로 생각했던 것입니다.

특히 베드로의 입장에서는 자신이 성령님의 일하심에 대해서 온전히 순종하지 못하고 결국 강권에 의해서 움직이게 되었다는 사실과 여러 가지 정황상 자신이 야고보와 함께 사역을 마감하는 것이 당연하다고 생각하며 죽음을 의연히 받아들이고 있던 것입니다. 야고보는 죽었는데 자신은 살아야만 한다는 명확한 명분이 없던 것입니다.

무엇을 위해 간절히 기도했을까?

이는 그를 위해 기도하던 성도들도 다르지 않았을 것이며, 조금의 의심도 없던 것으로 보입니다. 이들이 경험해 왔던 기적적인 사건들로 보자면 베드로가 구출 받아 나오는 것이 더 자연스럽습니다. 그럼에도 불구하고, 베드로가 문 앞에 와 있다는데도 도리어 이것을 쉽게 믿지 못합니다. '그러면 그의 천사가 왔다'고 까지 합니다. 유대 전승에 따르면 의인이 죽으면 후에 천사가 된다는 내용이 있었기 때문일 것입니다.

그렇다면 그를 위해서 간절히 기도했다는 것은 무엇인가? 그를 위해서 기도했다고 할 때에 꼭 살려주시라는 기도만 가능합니까? 우리 수준에서 기도를 생각하면 살려 주시기를 기도하는 것 외에 별달리 다른 것이 없을 것입니다. 하지만 그게 베드로가 죽음을 예고하시는 예수님을 가로 막고 꾸중을 들어야 했던 내용 아닙니까? 베드로가 살고 죽고 하는 것은 어느 쪽이 더 하나님 나라를 위한 것이냐에 따른 것이지 꼭 살아야 한다는 것은 없는 것입니다. 다시 한 번 이야기하자면 야고보는 죽었는데 베드로는 왜 살아야 하는지에 대한 당위를 발견하지 못한 것입니다.

그렇다면 어떤 기도였을까요? 필자가 보기에는 베드로가 죽음을 의연하고 담대히 받아들일 수 있기를 기도한 것입니다. 그것이 베드로의 소원이었을 것입니다. 베드로는 이미 한 번 큰 실수를 했지 않습니까? 얼마나 뼈아픈 경험이고 눈물 나는 일이었겠습니까! 지금까지는 큰 풍파 속에서 교회를 세워야 할 일을 맡은 자로서 죽고 싶어도 죽을 수 없었습니다.

그런데 동역자 야고보 사도가 죽었습니다. 이제 자신도 징집해제를 받고 나그네로서의 삶을 마감할 것을 기대했다고 보는 것은 무리가 아닐 것입니다. 이때, 물론 놀랍게 변화한 베드로이지만 인간의 실존이란 죽음 앞에서 급속히 연약해질 수 있음을 경험했으니 성도들이 모여서 이번에는 흔들림 없기를 간절히 기도한 것입니다. 그리고 베드로가 편히 잠들어 있었다는 것은 이 기도의 응답인 것입니다. 이렇게 보는 것이 구출된 베드로를 당황해 하는 성도들의 모습과 연결했을 때 자연스럽습니다.

이 주장이 너무 억지스럽게 느껴질 수도 있어서 바울 사도의 목소리를 들어보겠습니다.

> 빌1:20 나의 간절한 기대와 소망을 따라 아무 일에든지 부끄럽지 아니하고 오직 전과 같이 이제도 온전히 담대하여 살든지 죽든지 내 몸에서 그리스도가 존귀히 되게 하려 하나니 21이는 내게 사는 것이 그리스도니 죽는 것도 유익함이니라 22그러나 만일 육신으로 사는 이것이 내 일의 열매일찐대 무엇을 가릴는지 나는 알지 못하노라 23내가 그 두 사이에 끼였으니 떠나서 그리스도와 함께 있을 욕망을 가진 이것이 더욱 좋으나 24그러나 내가 육신에 거하는 것이 너희를 위하여 더 유익하리라

바울 사도가 '내게 사는 것이 그리스도니 죽는 것도 유익하다'고 합니다. 바울 사도는 자신이 삶과 죽음 사이에 끼여 있는데, 죽어서 그리스도와 함께 있기를 욕망하고 있다고 합니다. 그런데 교회를 위

하여 아직 살아있는 것이 더 유익하기에 살아있는 것이라고 합니다. 이 고백이 바울 사도만의 것이겠습니까? 베드로는 그 수준에 미치지 못한다고 보십니까? 아니면 바울 사도도 그저 멋진 말로 잘난 체하고 있는 것으로 보입니까? 바로 이 욕망, 이제 야고보처럼 죽어서 예수님과 함께 거하고 싶은 욕망을 갖는 것이 뭐 이상합니까? 그런 욕망을 가졌는데 예수님께서 아직 아니라고 건져내시는 장면을 우리가 보고 있는 것입니다.

베드로의 퇴장을 허락지 않으심

필자가 궁금했던 것은 그 반대로 그렇다면 왜 하나님께서는 굳이 베드로 자신과 대부분의 신자들의 기대와 생각을 넘어서 베드로를 구출하셨을까? 였습니다. 답은 사도행전 15장에 있습니다. 예루살렘 교회는 베드로의 고넬료 전도 사건으로 인하여 이방인이 전도되는 것에 대해서 거부할 수 없다는 것을 인정했지만, 여전히 유대주의적인 태도를 버리지 못했습니다. 그래서 이방인이 예수님을 믿더라도 할례를 받아야 한다는 주장이 득세를 했습니다. 이는 할례의 문제뿐 아니라 할례를 통해서 율법 전체와 연결되는 문제입니다.

이들이 바울의 은혜로 구원을 얻는다는 주장에 대해서 논쟁하고 공격해 왔습니다. 이 논쟁이 매우 가열되었음을 알 수 있습니다. 이때 이 논쟁을 종결시키고 바울의 말을 듣도록 만드는 역할을 바로 베드로가 수행합니다. 베드로는 여기서 다시 한 번 자신이 경험한 고넬료 집안 전도 사건을 거론하면서 바울의 편을 들었고 그렇게 해서 바울 반대파의 입을 막아줬습니다. 그러자 바울과 바나바가 더욱 힘을 얻어서 이방인에게 율법의 굴레를 씌우지 말 것을 주장했고 예루살렘 교회는 이것을 가결했습니다.

만일 베드로가 여기서 이 역할을 하지 않았다면 교회는 더 큰 어려움을 오래도록 겪어야 했을 것입니다. 베드로는 바로 이 사명 때문에 자신이 각오하고 소원하던 대로 죽음을 맞이하지 못하고 다시 불려 나와야만 했던 것입니다. 이것이 사도행전에 나타나는 베드로의 마지막 모습입니다.

우리는 아무도 기대치 않던 베드로의 구원받음과 그 이후의 사역을 보면서 하나님께서 얼마나 철저히 우리에게 충성된 태도를 요구하시며 이끌어 가시는지를 깨닫게 됩니다. 뭔가 멋진 모습으로 등장하고 퇴장하기를 바라지만, 하나님 앞에서 우리의 유용성은 오직 하나님의 영광과 예수 그리스도의 교회에 맞춰져 있음을 알아야 합니다. 그것이 우리의 기대치를 훨씬 넘는 기적적인 구출이 될 수도 있고, 한없이 부끄러운 실수에 대한 책망을 안고 조용히 묻히는 일이 될 수도 있습니다.

내 맘대로의 사역과 내 맘대로의 퇴장, 내 기대와 욕심을 채워주시는 기적적인 역사에만 여전히 관심을 갖는다면 아직도 자신을 그리스도와 함께 못 박는다는 것이 무엇인지 모르는 것입니다. 하나님께서 기이한 손으로 잡아서 묶어 놓으시는 때도 있고, 그분의 손으로 문을 탁탁 열어 주시면서 '가라'

고 하시는 때도 있는 것입니다. 그러면 거기에 순응하고 순종하며 나가야 하는 것입니다.

내 주장을 자꾸 펴면서 '이것만은 싫습니다' 하는 딱딱한 마음을 가지고 버티거나 불순종해서는 성령님의 인도하심으로부터 자꾸 멀어져 헤매게 되는 것입니다. 마음에 '정말 이것만은 싫습니다' 하는 것은 버려야 할 생각입니다. 하나님께서는 그걸 시켜서 꺾고 항복을 받아 내십니다. 이를 악물고서라도 '네, 뭐든지 하겠습니다' 라고 마음을 고치는 것이 옳은 것입니다.

헤롯왕의 죽음에 대하여

마지막으로 헤롯왕의 죽음에 대해서 보도록 하겠습니다. 사도행전 12장 마지막 부분에 헤롯은 '주의 사자가 치니 충이 먹어 죽었다'고 되어 있습니다. 이 부분에 대한 누가의 보고와 유대 역사가 요세푸스의 보고가 몇 가지 세부적 내용을 제외하고 거의 같은 맥락을 이루고 있습니다. 이 두 사람의 기록으로 유추해 볼 때에 헤롯이 기생충들에 의한 '급성 장 폐색증'이었을 것으로 추정하기도 합니다.

이 헤롯의 갑작스런 죽음에 대해서 대부분의 주석가들은 야고보를 죽이고, 교회를 핍박한 것에 대한 하나님의 보복이라고 봅니다. 교회를 핍박하던 헤롯을 기록하고, 이어서 그의 처참한 죽음을 연결하여 기록한 누가의 의도이기 때문에 그렇게 보는 것이 당연하고 타당합니다. 하지만 그럼에도 불구하고 성경은 헤롯의 죽음이 교회의 박해 때문이라고 말하지 않습니다. 헤롯의 죽음은 교만하여져서 하나님께 영광을 돌리지 않았기 때문이라고 하고 있다는 것에 주목해야 합니다. 교회에 대한 핍박과는 직접적인 연관성이 없습니다.

그런데 누가는 왜 교회의 핍박과 그의 죽음을 연결시켜 놓았으며, 헤롯의 죽음 기사 바로 뒤에 갑자기 '하나님의 말씀은 흥왕하였다'고 썼을까? 이러한 문제들을 풀기 위해서 우선 교회가 세상에서 지고 있는 사명이 무엇인가를 생각해야 합니다. 교회의 사명은 아브라함의 사명을 이어받은 것입니다. 아브라함은 우리의 믿음의 조상이기 때문입니다. 아브라함에게 주신 사명은 바로 복의 근원이 되라는 것입니다.

> 창12:2 내가 너로 큰 민족을 이루고 네게 복을 주어 네 이름을 창대케 하리니 너는 복의 근원이 될지라

 이런 저런 것을 해주시는 이유는 결론적으로 '복의 근원이 되게 하기 위한 것'이라고 하십니다. 온 세상이 아브라함으로 말미암아 복을 받도록 하겠다는 말씀입니다. 이와 같이 교회도 복의 근원이 되어야 하는 것입니다. 이것은 이스라엘에게도 동일하게 주어지는 사명입니다. 이스라엘이 세상의 복의 근원이 되는 것은 세상을 위한 제사장 나라가 되는 것입니다. 제사장이란 죄인들의 죄를 속죄하기 위하여 대표로 서서 하나님 앞에 들어가는 존재입

니다. 이것이 바로 예수 그리스도의 십자가 사역입니다. 그리고 그것이 바로 교회의 사명입니다. 그렇기에 교회는 세상을 위해서 자신을 헌신하도록 요구 받습니다.

예수님께서는 교회가 핍박 받는 것을 매우 당연히 여기십니다. 교회는 자신들에게 죄를 지은 자를 용서해야 합니다. 자신에게 죄 지은 자를 용서하고 그 용서가 실현되기를 하나님께 기도하는 것, 원수를 위하여 기도하는 것이 주기도문을 통해서 주께서 우리에게 가르치신 것이며, 이것이 예수 그리스도의 교회의 기도입니다. 하나님께서는 우리의 이 기도를 들으시고 우리에게 죄 지은 자들과 우리의 원수들을 용서하시는 것입니다. 그렇기에 하나님께서는 교회를 위한 보복의 심판을 하지 않으십니다. 왜냐하면 우리의 기도를 들으시기 때문입니다.

그렇기에 교회에 대한 핍박은 하나님의 심판의 직접적인 원인이 되지 않습니다. 오히려 교회는 하나님의 심판의 연장, 하나님의 긍휼하심이 크시다는 사실을 세상에 보이는 역할을 수행하는 것입니다. 그의 백성들을 향한 혹독한 핍박을 행하는데도 불구하고 그들은 자신들을 향한 세상의 죄를 용서하고, 그 용서를 하나님께서 받으시기를 기도하며, 하나님께서도 그 기도를 받으셔서 당장에 심판하시고 멸하셔야 할 자들에 대해서라도 용서를 베푸시는 것입니다. 그러면 세상은 '네 하나님이 어디 있느냐?'고 조롱하는 것입니다. 여기에 대하여 '저들이 저들의 하는 일을 알지 못하나이다' 하고 다시 용서를 구하는 것이 예수님께서 하신 일이며, 스데반의 기도였으며, 오늘 우리가 해야 할 일입니다. 그것을 통해서 하나님께서 얼마나 긍휼하신 분인지 전 우주 역사에 증명되는 것입니다.

또한 이런 긍휼하심과 오래 참으심을 통해서 논란의 여지없이 심판 받을 자가 자신이 얼마나 심판 받을 자인지를 증명해 나가는 것입니다. 하나님의 심판의 경고가 교회를 통해서 전달될 뿐 아니라 하나님의 심판이 얼마나 정당한 것인가를 교회가 핍박 받는 것으로 확보하게 되는 것입니다. 다시 말하자면, 교회를 핍박하는 자가 교회만 핍박하는 죄만

저지르는 것이 아닐 것입니다. 전반적인 악행이 하나님의 심판을 피할 수 없을 만큼 깊어져 가는 것입니다. 이때 교회를 통하여 주시는 하나님의 말씀과 교회가 내는 경고의 목소리를 듣지 못하여 결국 하나님의 긍휼하심에도 불구하고 하나님의 심판을 받고 마는 자리로 떨어진다는 것입니다.

이런 인식을 가지고 헤롯의 상황을 해석하고 본문을 봐야 합니다. 헤롯은 자신의 허위와 교만을 지적하고, 경고해 줌으로 자신을 지켜 주는 힘이 되는 예수 그리스도의 교회를 오히려 핍박했습니다. 이에 하나님께서 은혜를 베푸셔서 기적으로 베드로를 건지심으로 헤롯에게 경고를 주신 것입니다. 이것은 교회에 주신 은혜이기도 하지만, 동시에 헤롯이 회개할 수 있는 기회를 주신 것이기도 합니다. 헤롯은 이것을 통해서 분명 두려움을 느꼈습니다. 그러나 이를 무시하고 왕으로서 자신을 위한 정치에 몰입하고 매우 성공적인 결과를 이루었습니다.

이런 때에 교회를 통해서 경고를 들었어야 할 터인데, 오히려 교회를 핍박하여서 교회의 목소리를 듣지 못하게 된 것입니다. 그렇기에 그의 교만은 폭주하게 되었고 결국 자신의 허위, 교회를 핍박함이 유대인의 하나님을 섬기기 위함이라는 허위마저도 더 이상 필요치 않다고 여기게 된 것입니다. 그렇기에 그는 자신을 하나님에 견주는 아첨을 허용하는 교만을 행했고 하나님의 심판을 피할 수 없게 된 것입니다.

반면에 이러한 헤롯의 핍박에도 불구하고, 그리고 교회가 큰 타격을 받았음에도 불구하고 하나님의 말씀은 점점 더 그 능력을 드러내며 세계로 향하여 뻗어 나가고 있음을 말해 주고자 헤롯의 죽음 뒤에 '하나님의 말씀은 흥왕하여 더하더라'고 기록하고 있는 것입니다. 이것이 교회가 가진 힘이며, 신자가 누리게 되는 특권입니다.

"
예수님은 베드로의 퇴장을 허락하지 않으셨습니다.
아직 베드로가 해야 할 일이 있기에……
"

Epilogue

　다음은 필자가 쓴 가상의 편지입니다. 예수님께서 베드로에게 쓰신 것처럼 꾸몄습니다. 보수신학적인 목사로서 이것은 매우 망설여지는 작업입니다. 그래서 다른 서술과 다른 방식을 통해 책을 갈무리 하려고 애를 써보았습니다. 하지만 각각의 장을 통해서 드러나는 바가 하나로 관통하는 예수님의 모습을 보여주고 있다는 것을 이 편지글 형식이 아니고서는 달리 설명할 재주가 필자에게는 없었습니다. 혹여 독자께서 이 형식이 마음에 거슬리신다면 용서하시고, 예수님의 심정을 전하려는 열정이라 생각해 주시길 부탁드립니다.

　이것을 용납해 주신다면, 이 편지글을 통해서 이 책이 전하고자 하는 예수님의 집념어린 사랑과 그 사랑의 열매인 베드로에 대한 통찰을 얻으실 수 있으리라 확신합니다.

Dear. 베드로

베드로,

나는 자네에게 베드로라는 이름을 지어주고도 베드로라고 부르질 않았지. 그렇기에 그땐 누구도 자네를 베드로라 부르지 않았어.

자네는 내가 베드로라는 이름까지 주었는데도 나를 떠났다가 왔기에 내가 그 이름을 취소한 줄 알았을 거야. 하지만 내게 자네는 늘 베드로였네.

그래서 나중엔 이 사실을 마태, 마가, 누가, 요한도 잘 알고 복음서를 쓰면서 그 시절의 자네를 베드로라고 기록하고 있는 것이지.

교회의 초석이며, 수장으로서의 자네를 인정하고 있음이겠지.

베드로,

자네의 선함과 열정과 충정은 너무도 강렬했고,

그 뛰어난 성장과 인식은 충분히 훌륭했네.

자네가 물 위를 걸어 오겠다 했을 때, 그 순간 자네의 천재성과 확신에 찬 결단에 감탄했고 물 위를 걸어 내게 오는 것을 허락했지. 하지만 자네는 '그 한계'를 넘지 못했네.

자신에 대한 자신감이 가져다 주는 확신은 도리어 자네를 '그 한계' 안에 가두었으며, 그렇기에 나는 때때로 책망하며 매우 무섭게 꾸짖어야 했다네. 하지만 나는 늘 자네를 사랑했네.

베드로,

자네 기억나나? 내가 빚을 탕감 받은 두 사람에 대한 비유를 하려 할 때, 자네를 불러 물었던 것을 (눅7:40).

자네는 더 많이 탕감 받은 자가 더 사랑할 것이라는 대답을 했지.

사실 이건 꼭 자네여야 대답을 할 수 있는 것은 아니지. 어린애라도 그렇게 답할 수 있을 게야.

그런데도 난 자네를 지목했고, 자네에게 답하게

하였네. 이는 자네의 실패가 자네를 주저앉히지 못하게 하기 위한 것이었네.

결국 저주하며 나를 부인한 자네가 누구보다 나를 사랑하게 될 것임을 깨닫게 하고 싶었던 것이네.

내가 자네를 지상에서 딱 한 번 베드로라 불렀을 때, 나는 절박했네.

고소자 사탄의 계략과 송사에 걸리면 꼼짝할 수 없는 일이거늘, 자네들은 전혀 알지 못하고 내가 원치도 않는 나에 대한 충성 경쟁과 자리다툼에 빠져 있었지.

이것을 빌미로 자네들 모두를 자신의 손에 내어줄 것을 요구한 사탄의 청구는 정당한 것이었기에 막을 수 없었네.

그렇기에 오직 하나, 자네가 완전히 거꾸러져 버리지 않기만을 기도할 수밖에 없었다네.

자네는 내 교회를 세울 초석, 베드로였기에 정말 간절히 아버지께 소원했네.

그렇기에 사탄은 내가 포기하도록 만들기 위해

비열하게도 내가 보는 앞에서 자네가 나를 저주하는 모습을 보여주었네.

이것으로 내 가슴을 찢어놓으려 했고, 실제로 난 고통이 내 심장으로 파고드는 것을 느꼈지.

하지만, 자네의 실패가 나를 포기하게 만들지 못했네.

나의 심장이 자네를 놓을 수 없었다네.

그 순간 나의 희망의 전부인 자네의 믿음이 떨어지는 것을 보았으나, 죽은 자도 살리시는 하나님께서 내 기도를 들어주실 것을 믿었네.

그래서 자네를 위로하기 위해 돌이켜 자네를 보았고(눅22:61), 자네가 울먹이며 뛰쳐나가는 것을 보며 나의 기도가 응답되었음을 확신할 수 있었네.

베드로,

자네가 부활의 첫날 무덤으로 뛰어왔다 터덜터덜 걸어가고 있을 때 자네를 만나서 나의 부활을 알려

주었지. 그리고 다른 제자들에게도 그리했지.

그런데 자네들은 나의 부활에 놀라고, 오히려 더 절망스런 모습을 보이더군. 급기야 자네들은 좌절 속에서 예전 생업이었던 어부로서의 삶에로 돌아갔지.

그래! 거기서 다시 시작해야 했던 거지.

자네는 나를 사랑하느냐는 반복되는 내 물음에 적지 않게 당황하더군.

난 자네에게 확답을 받아야 했네. 힘들거나 절망스럽더라도 다신 포기하지 않겠다는 다짐이 필요했던 거였네.

이후로 자네는 훨씬 흔들림 없는 믿음을 보여줬지만, 사실 여전히 내 말을 듣지 않고 이해하지 못하더군.

내가 땅 끝까지 가라했는데도 그게 뭔지 도무지 모르는 것 같더군. 그게 다 '그 한계' 때문이었지.

결국 나는 환상을 보여서라도 자네를 고넬료의 집으로 보내기로 했지. 그런데 자네 참 고집 세게

버티더군.

세 번이나 반복했는데도 요지부동이었어. 결국 음성으로 다시 한 번 지시해야만 했지.

이후, 드디어 베드로 자네는 '그 한계'를 벗어나기 시작했고, 죽음까지도 전혀 두려워하지 않았지.

야고보를 죽인 헤롯의 감옥에서는 오히려 잘 됐다고 여기는 듯 보였지. 하지만 난 더 시킬 일이 있었고, 자네를 건져내기 위해서 천사에게 옆구리를 걷어차서 깨우라고 했네.

지금 생각해도 재미있네.

베드로,

이때부터의 자네는 참 대단했어. 자네의 권위는 매우 독보적이어서 교회 내에서 뿐 아니라 교회 밖의 사람들에게조차 큰 영향을 미치고 있었는데도, 자네는 권위를 전혀 내세우지 않았지.

교회 역사의 진행에서 자신은 변방으로 빠지면서 신출내기에 혈기왕성한 바울에게 주도적인 자리를 내주고, 그렇게 기록되게 했지.

  심지어 자네는 바울에게 공개적으로 책망을 들어줌으로써 역으로 그의 사역을 인정받게 해주고, 나중에는 강력한 변호자가 되어주었지. 자네가 아니었다면 아무도 그 일을 이렇게 할 수 없었을 게야.

  더욱이 복음서 기자들이 한결 같이 자네를 부정적인 모습으로 그려내고, 자네의 과오를 냉혹하고 자세하게 기록한 것을 보면서 나는 감탄하게 된다네. 이 역시 나의 친구 베드로 자네의 뜻이었겠지. 만일 그렇지 않았다면 교회의 수장인 베드로 자네에 대해서 아무래도 뭔가 미화하려 했을 텐데, 전혀 그렇지 않았네.

  오히려 어떤 이들은 자네가 무능력하고, 무식하고, 결국 교회 내의 권력 경쟁에서 바울에게 밀려났기에 그렇게 기록된 것이라 주장할 정도지.

  이런 자네의 노력으로 자네를 뭔가 특별한 존재로 만들려는 자들의 준동이 좀 덜 하게 된 것을 보며 자네가 참 대단하다고 느끼네.

베드로,

자네가 자신을 죽여서 그 위에 '내 교회'가 오롯이 서게 하였으니 음부의 권세가 이기지 못할 것이네(마16:18).

구약의 아브라함이 믿음의 조상이듯이, 이제 자네는 나의 교회의 초석이라네.

누군가가 실패와 죄 가운데서 좌절하고 있다면 그는 자네가 실패와 좌절 후에 회복되어 다시 쓰였음을 보며 위로와 힘을 얻을 것이네.

또한 누군가가 자기를 자인하고 고개를 쳐들고 싶은 교만의 욕구를 느낄 때, 그는 자네의 베드로 됨이 무엇인지를 보며 바른 자태와 위치를 찾게 될 것이네.

이렇듯 자네는 나의 교회의 초석이요, 문지기라네.

이제 이 편지를 마치려하네.

나의 친구 시몬 베드로,
자네는 지금 나와 함께 낙원에서 쉬고 있지만 나도, 나의 교회도 자네의 수고와 사랑을 영원히 기억할 것이네.

베드로,
고맙고 사랑하네.